여전히 성경과 과학 사이에서 하나를 택해야 한다고 여기는 풍토가 만연하다. 그러나 과학적 상식을 인정하는 것은 결코 (일본 에도 시대에 기독교 신자들을 색출하기 위해 사용되었던 방법으로서 의심되는 사람들에게 예수나 마리아 그림이 그려진 판을 밟게 하여 그들이 기독교 참으로 신자인지를 확인하는 데 사용되었던) 후미에를 밟는 게 아니다. 신앙을 지키기 위해 과학을 버리는 건 비상식적이고 반지성적인 일일 뿐이다. 이것은 또한 선과 악의 문제도, 진실과 거짓의 문제도, 옳고 그름의 문제도 아니다. 성경과 과학 둘 다 필요하다. 성경과 과학은 모두 하나님이 주신 것이기 때문이다. 그러므로 하나님의 백성은 건강한 신앙을 위해 성경과 과학을 함께 아울러야 한다. 이것은 우유부단함도, 비겁한 중립도, 어정쩡한 타협도 아니다. 그리스도인으로서 믿음과 이성을 겸비하는 것은 창조주 하나님을 믿고 찬양하는 가장 바른 길이다. 창세기는 천지를 누가, 왜 창조했는지 알려준다. 과학은 언제, 어떻게 창조했는지에 대해 답한다. 어떤 질문도 버릴 것이 없다. 온전한 창조 신앙을 견지하기 위해서는 성경과 과학이 모두 필요하다. 과학은 신앙을 대적하지 않는다. 더욱 깊고 풍성하게 해 줄 뿐이다. 이 책을 읽으면 하나님을 믿는 신앙을 견지하면서 동시에 (젊은 지구 창조론을 옹호하기 위해) 노아의 방주에 새끼 공룡을 태웠다고 주장하는 등 불필요한 지적 곡예를 감행할 필요가 없다는 사실을 알게 될 것이다.

김영웅
기초과학연구원 선임연구원, 『과학자의 신앙공부』 저자

"노아 방주에 새끼 공룡을 태웠는가?"라는 질문은 신앙과 과학 사이의 오래된 대립을 상징적으로 드러낸다. 새물결플러스에서 출간된 『아담과 게놈』이 신앙과 과학의 접점을 전문적 지식을 바탕으로 한 논증을 통해 제시했다면, 자네트 켈로그 레이의 이 책은 보다 대중적이고 읽기 쉬운 서술을 통해 따뜻하면서도 날카로운 비판을 던지며 대화를 이어간다. 저자는 젊은 지구 창조론이라는 교리적 확신 속에서 성장한 자신의 신앙 여정을 바탕으로, 과학을 부정하지 않으면서도 신앙의 핵심을 지켜낼 수 있는 가능성을 제시한다. 특히 과학에 대해 적대적인 태도가 오히려 신앙의 권위를 약화시킬 수 있다는 저자의 주장은 오늘날 점점 더 분열되는 신앙 공동체에 깊은 성찰을 촉구한다. 나 역시 창세기를 문자적으로 신봉하던 신앙을 극복하며 신앙과 과학을 조화롭게 이해하려는 길을 걸어왔기에, 저자의 여정을 공감하며 반가운 마음으로 이 책을 추천한다. 눈부신 과학 기술의 발전 속에서도 반과학적 사고가 여전히 만연한 오늘날, 무신론적 진화와 문자적 창세기 해석 사이에서 갈등하는 독자들에게 이 책은 꼭 필요한 길잡이가 되리라 확신한다.

장승순
미국 조지아 공과대학교 재료공학과 교수

이 책은 신앙과 과학의 올바른 관계에 대해 진술하면서도 쉽게 제시한 책이다. 저자는 생물학 교수이자 신실한 그리스도인으로서, 개인의 경험과 학문적 탐구를 바탕으로 신앙과 과학이 어떻게 대화할 수 있는지를 명료하게 풀어낸다. 특히 이 책은 창세기와 진화, 공룡과 화석, 홍수와 지질학 등 첨예한 논쟁 주제들을 회피하지 않고 정직하게 다루면서도, 독자들이 신앙을 잃지 않으면서 과학의 사실들을 수용할 수 있도록 안내한다. 복잡한 논쟁을 친근한 이야기와 명료한 논리로 설명하기에, 과학을 낯설어하는 신앙인이나 신앙에 회의적인 과학자 모두 함께 읽을 수 있는 책이다. 저자가 보여주는 정직한 탐구의 태도와 균형 잡힌 시각은, 보수적이든 진보적이든 신앙의 자리에서 과학을 성찰하려는 이들에게 더 깊은 신뢰와 대화의 용기를 줄 것이다. 이 책은 기독교인이 다음 세대와 대화하기 위해 꼭 읽어야 할 책이며, 신앙과 과학 사이에서 길을 잃고 방황하는 많은 이에게 하나님을 더욱 깊이 이해하게 만드는 지혜로운 안내자가 될 것이라 확신한다.

장재호

감리교신학대학교 교수, 유튜브 "과학과신학연구소" 운영자

자네트 켈로그 레이의 『노아 방주에 새끼 공룡들을 태웠다고?』는 신앙과 과학을 "편 가르기"로 몰아가는 통념을 넘어, 성경 해석의 층위를 섬세하게 드러내며 두 영역이 공존할 수 있는 경로를 모색한다. 저자는 과학과 신앙의 상이한 인식론적 방식—증거의 수용과 신앙의 확신—을 엄밀히 구분하고, 노아의 홍수·공룡 화석·창세기 독해를 둘러싼 논쟁, 특히 이른바 "방주에 새끼 공룡(혹은 알)을 태웠다"는 주장에 내재한 난점을 치밀하게 검토함으로써 문자주의적 독법의 취약성을 학문적으로 짚어낸다. 이러한 작업은 과학적 사실을 정직하게 수용하면서도 신앙의 진리를 섣불리 축소하지 않는 지적 온건함을 구현하며 신앙과 과학이 공존 가능하다는 점을 설득력 있게 제시한다. 신앙과 과학의 경계에서 갈등해 온 독자들에게 권할 만한, 신뢰할 만하면서도 흥미롭게 읽을 수 있는 책이라 일독을 권한다.

정대경

연세대학교 연합신학대학원 교수, 종교와 과학 전공

자네트 켈로그 레이는 하나님에 대한 변혁적인 신앙과 과학에 대한 불굴의 헌신을 결합한다. 본서는 신앙의 진리와 과학의 사실들 사이에 다리를 놓을 새로운 가능성을 연다. 당신이 세련되지 않은 과학과 호전적인 종교에 신물이 났다면 레이는 당신이 찾고 있던 대화 상대일 것이다. 본서는 진리가 어디서 발견되든 진리를 추구하는 모든 사람을 위한 책이다.

돈 맥래플린(Don McLaughlin)
노스애틀랜타 크라이스트 교회 시니어 사역자

책의 제목으로 그 책을 판단하는 것은 종종 현명하지 못한 처사지만 본서는 그렇게 해야 할 드문 사례다. "노아 방주에 새끼 공룡들을 태웠다고?"는 훨씬 더 흥미로운 내용을 통해 철저하게 뒷받침되는 재미있는 제목이다. 자네트 켈로그 레이는 스토리텔링, 생물학, 성경에 대한 숙고를 혼합해서 매우 유용하고 매력적이며 중요한 책을 제공한다. 모든 목사, 부모, 젊은 성인들은 본서가 신앙과 과학에 대한 이해 및 그것들 모두를 충실하게 포용하는 방법에 있어 필수적인 자원임을 발견할 것이다.

앤드류 루트(Andrew Root)
『폭발하는 별들, 죽은 공룡들, 좀비들: 과학 시대의 청소년 사역』(*Exploding Stars, Dead Dinosaurs, and Zombies: Youth Ministry in the Age of Science*) 저자

내 아내는 자네트 켈로그 레이처럼 과학 교사다. 아내의 학생들과 동료들은 그녀가 목사와 결혼했다는 것을 안다. 해마다 학생이나 동료 교사가 그녀에게 과학과 신앙의 교차점에 관해 질문한다. 그들은 내 아내가 신앙이나 과학 중 어느 한쪽에 충실하고 양자가 모두 적절하다고 생각하지는 않으리라고 가정한다. 과학과 신앙은 함께 춤을 춘다. 자네트 켈로그 레이가 쓴 본서는 신앙과 과학의 상호 작용에 관한 의문을 품고 있는 우리로 하여금 우리의 신앙을 좀 더 잘 이해하고 명확히 표현하도록 도움을 준다. 본서에서 당신은 하나님이 세상에서 무슨 일을 하고 계시며 신앙과 과학이 서로에 대해 어떻게 증언하는지를 발견할 것이고 그것들이 우리의 창조주의 아름다움을 어떻게 증언하는지를 훨씬 더 많이 발견할 것이다.

션 팔머(Sean Palmer)
『무장하지 않은 제국: 사랑받는 공동체를 찾아서』(*Unarmed Empire: In Search of Beloved Community*) 저자

레이는 솔직한 유머, 목회자의 정신, 매력 있고 접근하기 쉬운 과학으로 책을 쓴다. 본서는 특히 당신이 진화와 견고한 신앙이 함께 갈 수 있는지 확신하지 못한다면 널리 읽힐 가치가 있다.

데니스 R. 베네마(Dennis R. Venema)
트리니티웨스턴 대학교 생물학 교수

본서를 읽는다는 것은 얼마나 큰 기쁨인가! 레이는 매력적인 스타일과 예리한 정신으로 무장하고 너무도 많은 그리스도인이 직면하는 과학을 거부하거나 하나님을 거부하는 그릇된 이분법 사이의 지형을 헤쳐나간다. 믿을 수 있는 안내자인 레이는 지적으로 정직하면서도 정중하게 다양한 입장을 탐구한다. 이 복잡한 주제를 그렇게 명쾌하고 설득력 있게 설명할 수 있는 저자는 드물다. 당신으로 하여금 과학의 발견사항들을 포용하고 깊이 있는 신앙을 구현할 수 있도록 갖춰줄 자료를 찾고 있다면 본서야말로 당신을 위한 책이다.

켄 커크로우스키(Ken Cukrowski)
애빌린 크리스천 대학교 성서연구 대학 학장

과학에 관한 기독교의 너무 많은 의견이 무지하고 도움이 되지 않았다. 본서에서 레이 박사는 과학이 어떻게 작동하는지, 성경에 관해 도움이 되지 않고 진실이 아닌 가정을 떨쳐내는 것이 얼마나 필요한지에 대해 현실적이면서도 철저하게 소개한다. 누가 당신에게 당신은 왜 그리스도인으로서 진화 과학을 받아들이는지 묻거든 그들에게 마음 편하게 본서를 전해 주라.

자레드 비아스(Jared Byas)
팟캐스트 "보통 사람을 위한 성경"(*The Bible for Normal People*) 공동 진행자

본서는 내가 근래 읽었던 책 중에서 가장 영리하게 쓰인 심오한 책이다. 나는 이 책을 사랑한다! 레이는 복잡하고 심오한 이슈들에 접근하기 쉽게 책을 썼다. 그녀는 과학과 현시대의 논쟁들에 관한 질문들에 대답한다. 나는 진화와 기독교 신앙을 이해하기 위해 노력하는 내 친구들에게 본서를 줄 예정이다.

토머스 제이 오어드(Thomas Jay Oord)
『하나님의 통제하지 않는 사랑』(*The Uncontrolling Love of God*) 저자

Baby Dinosaurs on the Ark?

The Bible and Modern Science and the Trouble of Making It All Fit

Janet Kellogg Ray

기독교인이면서
진화를
믿을 수밖에
없는 이유

노아 방주에 새끼 공룡들을 태웠다고?

자네트 켈로그 레이 지음

노동래 옮김

Baby Dinosaurs
on the Ark?

새물결플러스

내가 뭔가 말할 가치가 있는 것을 갖고 있다고 믿어 준
나의 남편 마크(Mark)에게 헌정합니다.

서문

성경과 과학이 협력할 수 있는가? 아마도 당신은 아니라고 들었을 것이다. 당신의 과학 교수가 과학자이면서 성경을 믿을 수는 없다고 말했을 수도 있다. 당신의 교회가 과학에 맞서 신앙을 지켜야 한다고 설교했을지도 모른다. 당신이 동시에 두 이야기를 모두 들었을 수도 있다! 불행하게도 양극화가 심해짐에 따라 "아니오"라는 대답이 좀 더 강렬해졌다. 사람들은 점차 자기들이 다른 편에 동의하지 않는 것을 통해 자신의 정체성을 규정하기 때문에 다른 편에 어떤 가치나 일치하는 측면이 있다는 것을 보기 어려워진다. 과학에 관한 그릇된 정보가 많다. 소셜 미디어는 우리를 한층 더 거리가 멀어지게 만든다.

"아니오"라는 대답이 수없이 많은 사람을 하나님에게서 멀어지게 했다. 세속 과학자들은 새끼 공룡들이 인간들과 함께 배 안에 있었다는 말만 듣고서 자기들이 기독교를 진지하게 받아들일 수 없다고 결정한다. 그리고 그리스도인들은 과학자들이 자신들의 신앙을 공개적으로 조롱하는 말만 듣고서 과학이 자기들에게 적대적이라고 생각한다. 2019년 12월 25일에 닐 디그래스 타이슨(Neil DeGrasse Tyson)이 "오래전 이날 서른 살 즈음에 세상을 변화시킬 아이가 태어났다. 아이작 뉴턴(Isaac Newton)의 생일을 축하한다"라고 트위터에 글을 올린 것처럼 말이다. 다음 세대는 "아니오"라는 대답을 더 크고 더 명확하게 듣고 있다. 2018년에 교회에 출석하는

10대의 절반이 "교회는 과학이 세상에 관해 우리에게 말해주는 것의 많은 부분을 거절하는 것으로 보인다"는 데 동의했다(*Gen Z: The Culture, Beliefs and Motivations Shaping the Next Generation* [Barna, 2018]). 2020년에 코비드-19에 관한 공공 보건 과학에 회의적인 태도를 보이는 복음주의자들에 대한 많은 뉴스를 접한 나는 단지 그 비율이 늘어난 것으로만 그치기를 기대한다. 불행하게도 양극화는 영원한 결과를 가져온다. 과학의 이슈들이 젊은 이들이 교회를 떠나는 주요 이유 중에 포함된다(David Kinnaman, *You Lost Me* [Grand Rapids: Baker Books, 2016]).

나와 본서의 저자 자네트 켈로그 레이에게는 그 질문에 대한 대답이 한때는 "아니오"였지만 지금은 "예"다. 나는 복음주의 교회에서 성장했고 성경을 첫 페이지부터 끝 페이지까지 배웠으며 그리스도에 대한 나의 헌신 측면에서도 성장했다. 우리 교회에서 우리는 젊은 지구 창조론을 믿었는데 이는 유일한 대안이 진화와 빅뱅의 무신론적인 형태였기 때문이었다. "진화"는 확실히 나쁜 단어였다. 하지만 나는 과학을 사랑했고 내가 출석하는 교회는 내게 과학 분야의 일을 하라고 격려했다. 내가 고등학생이던 시절에 진화에 관해 질문했을 때 내 부모님이 "아니오"라고 말하지 않은 것이 큰 도움이 되었다. 사실 그분들도 나처럼 혼란에 빠져 있었고 "모르겠다"고 말씀하셨다. 내가 천문학을 직업으로 선택했을 때 나는 드디어 시간을 내 이 문제를 파고들었다. 그리스도인 천문학자, 지질학자, 생물학자들―무신론의 편견이 없이 과학적 증거를 설명한 동료 신자들―이 쓴 책들을 발견한 것이 내게 큰 도움이 되었다. 그들은 내게 어떻게 성경의 권위를 부인하지 않으면서 "예"라고 말할 수 있는지를 깨닫도록 도움을 준 열쇠가 된 성서학자들과 신학자들을 소개해줬다. 사실 그들은 나를 성경을 더 풍성하게 이해하고 하나님과 더 깊이 동행하도록 이끌었다.

만일 당신이 유사한 질문을 하고 있고 기독교 신앙과 증거에 기반을 둔 과학이 협력할 수 있는 길이 있는지 궁금해한다면 자네트 켈로그 레이야말로 유능한 안내자다. 그녀는 생물학 교사이자 그리스도를 따르는 사람으로서 당신에게 그녀의 여행에 동행하자고 초대하며 기원 과학에 관한 관점, 증거, 논증들의 매력 있는 개관을 제공한다. 나는 이 질문들에 대한 탐구가 당신을 좀 더 풍성하고 좀 더 깊은 신앙으로 이끌고 당신으로 하여금 마음과 영혼**과** 정신으로 하나님을 사랑하게 만들기를 기도한다.

데보라 하스마(Deborah Haarsma)

천문학자, 바이오로고스 대표

미시간주 그랜드래피즈에서

2021년 1월

감사의 글

"당신은 책을 써야 돼." 남편이 말했습니다.

"당신은 정말로 책을 쓸 필요가 있어."

"자, 운세를 말해주는 과자에 쓰인 이 점괘를 읽어 봐. '당신은 단어들을 사랑하는 사람입니다. 당신은 언젠가는 책을 써야 합니다.'"

나를 앞으로 나아가도록 자극하고, 조잡한 원고들을 수도 없이 읽어주고, "출판사에서 내 책을 내주겠대!"라는 말에 즉석 파티를 열어주고, 우연히 운세를 말해주는 그 과자를 발견한 데 대해 내 남편 마크(Mark)에게 감사합니다.

나의 북스터디 친구들—쉴라 레간(Sheila Legan), 멜린다 발라드(Melinda Ballard), 달린 우드(Darlene Wood), 캐런 베리만(Karen Berryman), 데디 잭슨(Dede Jackson), 신시아 히벌린(Cynthia Heaberlin), 지니 버든(Jeanie Virden), 조 품밀(Jo Pummill), 제니퍼 마이너(Jennifer Mynhier)—에게 감사합니다. 이들은 어려운 질문을 할 수 있는 안전한 장소이자 새로워진 비전과 신앙을 키우는 인큐베이터입니다.

멜린다 발라드(Melinda Ballard)에게 감사합니다. 그녀는 나의 영혼의 자매이자 치어리더이며 내가 알기로 10권을 선주문한 유일한 사람입니다. 나는 지금껏 그런 광경은 보지 못했습니다.

나의 부모님인 커비 켈로그(Kirby Kellogg)와 루 앤 켈로그(Lou Ann

Kellogg)에게 감사합니다. 그분들은 나의 평생의 후원자로서 성경에 대한 충실성, 교회 사랑, 가족에 대한 헌신의 모델입니다.

나의 삼촌 고(故) 린 미첼 박사(Dr. Lynn Mitchell)와 나의 사랑하는 숙모 캐롤 미첼(Carol Mitchell)에게 감사합니다. 그분들은 언제나 나의 설교와 가르침을 격려해주셨습니다.

그리고 마지막으로 본서를 제작한 어드만스 출판사(Wm. B. Eerdmans)의 팀원들—로렐 드레이퍼(Laurel Draper), 마이클 데보스키(Michael Debowski), 알렉시스 커틀러(Alexis Cutler), 로라 바르돌프 후버스(Laura Bardolph Hubers), 에이미 켄트(Amy Kent)—에게 깊이 감사드립니다. 그분들은 나를 격려하고 지도해주었고 나의 끝 없는 질문들에 인내심 있게 답변해 주었습니다. 새 저자를 환영해 준 데 대해 트레버 톰슨(Trevor Thompson)에게 특별히 감사드립니다.

Baby Dinosaurs
on the Ark?

1장

과학을 믿지 않는
생물학 교수

"나는 생물학을 가르치지만 과학을 믿지 않습니다."

매 학기 첫날은 늘 과학 철학에 관한 짧은 논의로 시작한다. 과학이란 무엇인가? 무엇이 어떤 것을 과학으로 만드는가? 무엇이 과학이 아닌가?

나는 많은 것을 믿지만 과학을 믿지는 않는다고 설명한다.

나는 그것이 충격적이라는 걸 안다.…생물학 교수가 과학을 믿지 않는다니 말이다! 수업 첫날의 관심을 끄는 표현법은 신중한 당황으로 이어진다.

"이 과목을 취소하기엔 너무 늦었나요?"

나는 많은 것을 믿지만 과학을 믿지는 않는다. 대신에 나는 과학적 증거를 수용한다. 결국 사실(fact)은 내가 그것을 믿든 믿지 않든 간에 참이다.

나는 학기 내내 진화 개념들을 다루지만 그 과정의 마지막 몇 주 동안에는 세부사항들을 정면으로 다룬다. 우리는 무엇이 진화이고 무엇이 진화가 아닌지를 논의한다. 나는 열정적이고 명료하게 선언한다. "진화 이론은 하나님이나 종교에 관해 아무것도 말하지 않습니다. 그 문제에 관한 한 다른 어떤 세계관에 대해서도 말하지 않습니다."

> 진화 이론은 하나님이나 종교에 관해 아무것도 말하지 않는다.
> 그 문제에 관한 한 다른 어떤 세계관에 대해서도 말하지 않는다

나는 공립 대학교에서 가르치기 때문에 공공연하게 "이것이 내가 진화를 받아들이는 그리스도인인 이유입니다"라고 말하지 못하지만, 나는 그런 토론을 좋아한다.

나는 나의 학생들에게 신앙과 진화가 결코 공존할 수 없다고 말하는 스펙트럼의 양쪽 끝의 매우 강력한 주장들에 관해 말해준다. 그러고 나서 할 수 있는 한 가장 명확하게 "신앙과 진화가 결코 공존할 수 없는 것이 아닙니다"라고 말한다.

최소한 나는 내가 그것을 명확하게 밝혔다고 **생각했다.**

각각의 수업은 간단한 "짧은 답안지"로 끝난다. 학생들은 인덱스 카드에 강의에서 다룬 개념들에 대한 간략한 답변을 적는다. 학기의 마지막 날 "진화는 수선장이(tinkerer)다. 이에 관해 설명하시오"라는 쓰기 주제가 주어졌다.

거의 150장의 카드 더미에서 카드 두 장이 즉각적으로 내 눈에 뜨였다. 학생들 대다수는 한두 문장을 적어 내고 교실 문을 나서서 제 갈 길을 갔다. 하지만 이 카드 두 장은 빼곡히 기록되어 있었다. 한 학생은 뒷면도 가득 채웠다.

"저는 교수님의 강의를 다 들었지만 그것이 다 틀렸음을 증명할 수 있습니다."

"교수님이 설명하는 진화는 하나님이 말씀하시는 것과 제가 진리라고 알고 있는 것에 반합니다."

그리고 성경 구절이 기록되어 있었다. 성경의 인용문과 그 인용문이 나오는 장절이 기록되어 있었다. 그것은 인상적이었다.

다른 내용도 있었다. "진화는 수선하지 않습니다. 하나님이 수선하십니다. 그리고 오직 그분만이 하십니다."

그리고 이렇게 선언했다. "저는 [신앙을] 부인하지 않을 것입니다." 한 학생은 타격을 다소 완화하려고 노력했다. "제가 무례를 범하려고 하는 것은 아닙니다. 저는 교수님의 수업을 정말 즐겼지만 그것이 '옳았다'라고 답변하지는 않을 것입니다."

내가 이 두 장의 카드를 읽으면서 어떤 감정을 느꼈는지 확실하지 않다. 나는 확실히 속이 거북했다. 이 두 학생의 의견에는 그들의 교수인 내가 그들에게 하나님을 부인하라고 요구하고 있었고 그들은 하나님을 부인하려고 하지 않았다. 그들은 설사 노트 카드에서 나쁜 성적을 받더라도 예수를 위해 일어나고자 한다.

이것은 아마도 공정하지 않겠지만 나는 그들이 "입 다물고 자리에 가만히 앉아 계세요"라고 말하는 것처럼 느꼈다. 이 학생들은 내가 성경에 관해 아무것도 모른다고 생각한다! 바이블 보울(Bible Bowl) 코치 활동을 하고 성경 학점 과정을 들었으며 평생 교회에 출석하고 있는 내가 말이다!

두 학생은 용감하게도 그것을 적어서 제출했다. 그렇게 생각하면서도 나쁜 성적을 받을 위험을 무릅쓰지 않은 학생이 얼마나 더 많이 있을까? 이상하게도 나의 압도적인 감정은 당황스러움이었다. 왜 그랬을까?

그러다 갑자기 깨달았다. 내가 바로 그들의 부모들과 목사들이 경고한 교수다. 나는 주의를 환기하는 모든 이야기에 등장하는 무서운 무신론자 교수다.

그다음에 나는 무슨 생각을 했을까?

그렇다면…다음번의 "신은 죽지 않았다"(God's not Dead) 속편에서 누가 나의 역할을 할까?

과학에 반하다

나는 매우 보수적인 교회 전통을 지닌 가정에서 태어났고 그 환경에서 자랐다. 우리는 성경을 문자 그대로 따랐다. 우리의 표어는 "성경이 말하는 곳에서 말하고 성경이 침묵하는 곳에서 침묵하라"였다. 우리는 일들을 올바로 처리하는 것에 큰 가치를 부여했다. 성경적인 예배 방법은 하나이고 성경적인 교회 조직 방법도 하나이며 그리스도인이 되는 성경적인 방법도 하나였다. 나는 초등학교 3학년 때 증거 본문 찾기 과정을 마쳤다. 나는 어릴 때부터 대다수 교회는 이런 본질적인 내용 측면에서 잘못된 쪽에 있다고 배웠다. 우리는 성경적이라는 우리의 휘장을 자랑스럽게 달고서 오류를 범하고 있는 다른 교회들과 달리 확고하게 서 있었다.

따라서 내가 성장한 교회 및 유사한 신학을 지닌 다른 교회들이 진화 문제에 있어서 전체 과학계와 대척점에 서는 데 대해 편안하게 여긴 것이 놀랄 일이 아니다. 우리는 진리를 가지고 있고 과학자들은 화석들과 기타 사기들에 집단적으로 속아서 잘못 알고 있다. 진화는 무신론과 동의어다. 논의는 이렇게 끝난다.

나는 중학교 1학년 때 과학과 사랑에 빠졌다. 믿기 어렵겠지만 내가 다닌 중학교에서는 1학년 때 과학이 필수 과목이 아니라 선택 과목이었다. 나는 1학년 반 합창을 선택하려고 했지만(그것은 재미있어 보였다) 나의 아버지(그분은 내가 다니던 학교의 교사였다)는 그것을 좋아하지 않았다. 불행하게도 합창 교실은 내 아버지의 교실 건너편에 있었는데 조직화되고 규율된 나의 아버지는 1학년 반 합창에 조직화와 규율이 없는 것을 보고서 그것을 좋아하지 않았다.

1학년 생명 과학 과목은 재미있는 젊은 남자 선생님과 까다로운(하지만 재미있는) 나이 든 남자 선생님이 공동으로 가르쳤다. 그분들은 대단한 짝이었다. 우리는 해부를 포함한 동물계에 대한 여행으로 시작했다. 1970년대에 해부는 오늘날 비위가 약한 사람들이 이용할 수 있는, 끔찍한 부분이 빠진 가상의 컴퓨터 시뮬레이션이 아니라 실제로 실물을 다루는 것이었다.

해부실에서 나는 완전히 새로운 동물의 세계—불가사리, 지렁이, 가재, 정말 큰 메뚜기 등—를 발견했다. 이제 나는 이 생물들을 알지만, 그때까지는 확실히 그것들을 동물로 생각하지 않았었다. 나는 동물들은 털이 있고 귀여우며 익숙한 존재이지 불가사리처럼 색다르고 머리가 없는 존재가 아니라고 생각했다. 하지만 나는 불가사리를 좋아했다. 나는 처음으로 우리의 행성에 존재하는 생명이 방대하고 다양하며 내가 몰랐던 방식으로 분류된다는 것을 알게 되었다.

나의 고등학교 생물 선생님은 비꼬는 유머 감각을 갖고 있었고 시트콤 "올 인 더 패밀리"(*All in the Family*)에 등장하는 사위와 외모가 비슷했다(내가 다니던 고등학교에서는 이것이 장점으로 통했다). 그분은 "아무도 아담과 하와가 미스터 아메리카와 미스 아메리카처럼 생겼다고 말하지 않았다"처럼 논쟁의 여지가 있는 말을 툭 던지기를 좋아했다. 돌이켜보니 그분은 확실히 진화를 받아들인 것 같았다. 하지만 이곳은 1970년대 텍사스주의 소도시였고 그 점은 해고 사유가 될 수도 있었다.

동물 분류, 해부학, 생리학을 훨씬 깊이 파고들자 나는 다시 경외와

경이를 느꼈다. 어떤 동물은 매우 단순하고 원시적이며 조직이나 기관들이 없지만 그럼에도 동물이다. 어떤 동물은 우리 자신과 아주 비슷한 복잡한 구조와 시스템들을 갖고 있으며 다른 많은 동물은 그 중간의 어딘가에 해당하는 이형, 적응, 재작업을 갖고 있다. 이런 동물들은 수업에서 다루는 순서를 넘어 훨씬 깊은 의미에서 연결된 것처럼 보인다. (내가 감히 그렇게 생각하는 것인가?)

내게는 원시동물이 가장 흥미가 있다. (내가 감히 화석 기록이 순서대로 펼쳐진다고 생각하는가?)

나는 고등학교 토론 팀에 참가했고 잘 구성된 논쟁을 했다(지금도 그렇게 하고 있다). 나는 오늘날까지 그 훈련의 유산을 간직하고 있다. 즉 나는 대화에서 질문을 아주 많이 하며 하나의 주제에 관해 양쪽의 논거를 펼치기를 좋아한다. 일부러 반대 역을 해 보는 거다. 나는 10대 때 어느 시기엔가 주로 종교에서 어떤 신앙을 주장하거나 설명하기 위해 사용되는 조직적인 접근법인 **변증**을 알게 되었다. 이 경우 변증 분야는 하나님의 존재와 창세기 창조기사의 진실성을 "증명하는 것"이었다. 변증은 주장하는 것이며 과학의 분위기를 갖고 있다. 나는 그것을 좋아했다.

나는 생물학에 대한 사랑과 나의 질문들 및 변증들을 지니고 대학에 들어갔다. 나는 기독교 대학교에서 생물학 학위를 받았는데 그곳에서 우리는 편리하게도 진화의 주제를 무시했다.

나는 성경의 많은 사실을 알았고 학부 수준의 생물학 지식을 갖고 있었다. 이 인상적인 지식을 갖춘 나는 과학을 창세기에 맞추려고 했다. 이제 그것들을 살펴보자. 창세기는 동물들이 어떤 순서로 나타났다고 말하는가? 우리가 고의로 증거를 무시하고 화석 기록을 창세기에 기록된 창조의 날들과 조화시킬 수 있는가? 한 "날/낮"(day)이 실제로는 수백만 년일 수 있는가? 우리가 리워야단(liviathan) 같은 불가사의한 성경의 동물들을 공룡이라고 간주할 수 있는가? 과학을 창세기에 맞추기 위해서는 엄청난 지적 곡예가 필요한데 나는 이 분야에서 금메달을 딸 수 있을 정도로 일하고 있었다.

두 어린 자녀를 둔 젊은 성인이었던 우리는 그 질문들을 뒤로 미뤄 두었지만 나의 남편(그는 의사다)과 나는 모두 기독교 과학 변증을 사랑했다. 우리 아이들이 겨우 10대가 되었을 때 우리는 유명한 기독교 변증가가 출연하는 애틀랜타주 차원의 행사에 그 아이들을 데려갔다. 그 변증가는 젊은 지구 창조론자이자 대형 변증 출판사의 이사였다. 나는 (10대 두 명을 돌보느라) 그가 한 말을 많이 기억하지 못하지만, 그는 대형 공공건물 강당에 듬성듬성 모인 청중(그들 중에는 야유하는 사람들도 있었다)에게 젊은 지구 창조론에 관해 유창하게 말했다.

작은 실마리

이즈음에 나는 지질학자이자 자연과학 교사인 변증가 존 클레이튼(John Clayton)의 책을 읽기 시작했다. 이전에 무신론자였던 클레이튼은 월간지 「하나님이 존재하는가?」(*Does God Exist?*)의 연사이자 발행인 중 한 명이었다. 나는 재빨리 구독을 신청했다. 그의 변증 자료들은 내가 그때까지 읽어본 것들과 달랐다. 클레이튼은 지구의 나이에 대한 지질학적 증거를 직접적으로 다뤘고 주저하지 않았다. 클레이튼에 따르면 창세기 1:1은 날짜가 특정되지 않았고 시간 표시가 없는 구절이며 따라서 지구의 나이가

6,000년이라는 주장을 뒷받침하는 데 사용될 수 없다.

나는 강연회에서 존 클레이튼을 한 번 만나보았다. 나는 생물학적 진화에 관한 그의 결론들에 동의하지 않지만 신앙인이자 지질학이 참이고 지구는 오래되었으며 창세기가 다른 방식으로 읽힐 수 있다는 점을 내게 처음 말해준 과학자인 그에게 영원히 감사한다.

다윈에게 그랬던 것과 마찬가지로 오래된 지구에 관한 증거는 나의 출발점이었다. 이제 작은 실마리를 발견한 나는 더 많은 것을 찾기 시작했다. 나는 진화에 관한 글을 읽었고 증거에 관한 글을 읽었으며 화석에 관한 글을 읽었다. 나는 지구와 우주의 나이에 관한 글을 더 많이 읽었다. 내가 중학교, 고등학교, 대학교 때 발견했던 흐리고 발설되지 않은 연결사항들이 드디어 명료하게 언급되었다.

기독교 계열 대학교인 나의 모교도 한몫 거들었다. 불행하게도 내가 몇 년 전에 애틀랜타에서 들었던 강연의 연사였던 창조론자가 그의 영향력과 모교에 기부할 동창들의 명단을 사용해서 우리의 생물학 교수 한 명을 진화를 언급한 죄로 "끌어내렸다." 그 교수는 직업을 잃었고 나의 남편과 나는 마음이 아팠다. 하지만 나의 모교는 존속했고 진화가 지금은 생물학의 기본적인 이론으로 가르쳐지고 있다.

내게는 케네스 밀러(Kenneth Miller)의 1999년 저서 『다윈의 하나님 발견하기』(Finding Darwin's God)가 전환점이었다. 그 책은 한 모금의 신선한 공기이자 도전이었다. 밀러 박사는 교회에 출석하는 진짜 그리스도인이다. 그는 저명한 세포 생물학자, 연구자, 저자, 진화생물학자이기도 하다. 밀러는 그의 책에서 모든 형태의 창조론(오래된 지구, 젊은 지구, 지적 설계)의 주장들을 제시하고 변증 없이 실제 과학을 겹쳐 놓는다. 그는 움찔하지 않는다. 그리고 그 모든 것을 연결하기 위해 밀러는 과학이 우리에게 말해줄 수 없는 것에 관해 말한다. "무엇이 옳고 무엇이 그른가? 무엇이 선한가? 무엇이 악한가?" 밀러에게 이 질문들은 그의 기독교 신앙을 통해 답변된다.

이전으로 돌아가는 일은 없었다. 그 후 20년 동안 다른 많은 믿음의 사람들이 책과 강연과 삶을 통해 내가 신앙이나 과학 중 어느 한 편을 선택할 필요가 없음을 내게 가르쳐 주었다. 나의 창세기 해석을 보호하기 위해 이제 지적 곡예를 할 필요가 없게 되었다. 나의 신앙을 잠식하는 대신에 나는 내가 상상했던 것보다 더 속박되지 않은 창조주에 대한 경외 가운데 나의 신앙이 자라는 것을 발견했다.

신뢰성의 문제

그리스도인들 가운데서 진화에 대한 논의보다 맥박이 빨라지게 하고 혈압이 오르게 하는 수준의 방어적 태도를 야기하는 신학 논의는 드물다. 당신은 무엇/누구를 믿을 것인가? 성경인가, 한 무리의 불경한 과학자들인가?

당신은 무엇을 받아들이는가? 당신은 무엇을 믿는가? 나는 경험적 증거를 통해 뒷받침되는 사실들을 받아들이지만, 나의 삶에서 가장 중요한 것들은 내가 믿는 것들이다. 나는 나의 가족이 나를 사랑한다고 믿지만 그것을 증명할 수는 없다. 증거는 내가 내 가족의 사랑을 믿는 것이 합리적이고 이성적이라고 말하지만 내가 과학적 방법을 사용해서 그것을 증명하지는 못한다.

과학이 모든 질문에 답하지는 않는다. 인간이 묻는 가장 중요한 질문들은 과학을 통해 답변될 수 없다. 나는 인격적이시고 자애로우신 하나님을 믿는다. 나는 예수께서 그분이 자기가 어떤 존재라고 말씀하셨던 존재이심을 믿는다. 나는 부활을 믿는다. 나는 이 믿음들에 합리적이고 이성적인 증거가 있다고 믿는다. 이런 믿음들은 나의 삶에서 가장 중요한 것들이지만 그것들은 과학이 아니다.

과학에 대한 부정이 신앙의 교의라면 무슨 일이 일어나는가?

우리가 관측할 수 있고 검증할 수 있고 측정할 수 있는 과학적 증거를 부인하면서 어떻게 사람들이 믿음을 요구하는 것들(예수, 부활, 기적 등)에 관해 우리의 말을 믿으리라고 기대할 수 있는가? 우리는 신뢰할 만한가?

나는 진화와 우주의 나이를 받아들이는 헌신되고, 교회에 출석하는 그리스도인이다. 나는 복음주의 교회의 신실한 교인이다. 나는 성경을 진지하게 받아들인다. 나는 사도신경과 니케아 신경의 모든 단어를 믿는다.

그것이 나의 현재의 위치이지만 나의 이야기는 그것에서 시작하지 않는다.

나는 그리스도인이다.

나는 진화와 인간을 포함한 모든 생명이 공통 조상의 후손임을 받아들인다.

나는 우주가 오래되었다는 모든 증거를 받아들인다.

이 책이 모든 것을 포함하지는 않는다. 나는 과학적 증거와 진화에 반하는 논증에 관한 "기시 갤럽"(Gish gallop)[1]을 피하려고 노력했다. 나는 그

1 　"기시 갤럽"은 창조론자 듀안 기시(Duanne Gish)가 정해진 시간 안에 답변할 수 없거나 반

것을 모두 포함시킬 수는 없지만 그것이 좋은 출발이라고 생각한다. 진화와 기원 과학 및 그것에 대한 그리스도인들의 반응에 관한 정중한 대화를 하는 것이 나의 목표다.

박할 수 없는 많은 질문과 주장들로 토론 상대를 압도하는 경향을 일컫는 말이다. 그 용어는 창조론 대 진화 논쟁의 맥락을 넘어서 누군가가 많은 논점으로 상대방을 **압도함으로써** 논쟁에서 이기려고 할 때 사용된다.

Baby Dinosaurs
on the Ark?

2장

과학을 창세기에 맞추기

그것은 접착성이 있는 크롬 도금 자동차 장식의 진화 같은 것이었다.

처음에는 단순하고 꾸미지 않은 원시 기독교의 물고기가 있었다. 다음번 변화는 동일한 작은 물고기였지만 이제 다리들과 발들 및 그것의 배에 쓰인 "다윈"이라는 이름을 과시했다. 최종 모델은 그 기독교의 물고기였는데 이번에는 "다윈" 물고기가 반쯤 삼켜진 "진리"라는 그림이 그려져 있었다.

하하! 재미있지 않은가.

그 함의는 명백하다. 신앙과 다윈은 양립할 수 없고 기독교가 다윈을 완전히 이긴다―아니 그것을 **말살한다**―는 것이다.

"다윈을 먹는 진리" 모델에 따르면 당신에게는 다음과 같은 두 가지 선택지가 있다.

1. 방대한 과학적 증거를 거부한다.
2. 하나님을 거부한다.

다윈을 먹는 진리 모델은 그것을 모두 설명한다. 즉 진지한 그리스도인들은 진화를 믿지 않고, 진지한 과학자들은 하나님을 믿지 않는다는 것이다. 기독교의 많은 진영에서, 특히 복음주의 진영에서 과학은 의심받는 대상이다.

나는 트레이딩 카드 한 상자, 공룡 책, 어떤 친구가 "다시 선물해 준"

번쩍번쩍하는 「내셔널 지오그래픽」(*National Geographic*) 스타일의 책 한 권을 갖고 있다. 창조과학연구원(Institute for Creation Research)에서 출간한 그 자료들은 품질이 좋고 어린이에게 친화적이며 공룡에 관한 사실들과 거대한 곤충들 및 이색적인 동물들의 사진들을 수록하고 있다. 과학을 좋아하는 아이들을 위한 사진들과 사실들에 다음과 같은 명확한 메시지가 섞여 있다.

> 과학자들은 추측한다.
> 과학자들은 사실들을 무시한다.
> 과학자들은 무신론자들이다.

때때로 과학은 명백한 두려움의 대상이다. 댈러스-포트워스의 "가족 친화적인" 라디오 방송국에서 내보낸 불길한 광고는 "당신의 자녀들이 세속적인 교과서를 집어들 때마다 그들은 의제, 선전, 부정확성에 노출됩니다"라고 경고한다.

과학은 단지 틀리기만 한 것이 아니고 과학은 적이다.

하지만 마음과 영혼**과** 정신으로 하나님을 사랑하기를 원하는 그리스도인에게 과학이나 하나님을 거부하는 것은 불가능한 선택이다. 과학을 공공연하게 거부하는 것은 많은 그리스도인에게 잘못으로 생각된다. 우리는 21세기의 시민들이다. 우리는 우리의 기술을 사랑하며 현대 의학의 발전을 하나님께 의존하고 그 발전으로 인해 하나님을 찬양한다.

몇몇 믿음의 사람들에게는 또 다른 길이 있다. 많은 사람이 과학을 노골적으로 거부하는 대신 성경, 특히 창세기에서 과학을 발견한다. 대형 유명 출판사, 연구소, 연구 직원을 많이 둔 여행사들이 기원에 관한 모든 과학적 증거를 창세기의 문자적 해석이라는 여과기를 통해 해석하려는 목표에 헌신한다.

과학을 창세기에 맞추기

선사 시대 유럽의 대부분에서 태양이 문화적 세계관을 지배했다. 영국에 있는 스톤헨지와 비슷한 구조물들이 유럽 전역에서 발견되었는데, 이것들은 모종의 태양 관측 목적으로 세워진 것으로 보인다. 다른 한편으로 선사 시대 북극의 이누이트(Inuit) 부족은 겨울이 길고 어두운 땅에서 살았다. 고대 이누이트 부족에게는 달이 천문학의 가장 중요한 대상이었고 태양은 달에 훨씬 미치지 못하는 두 번째 위치를 차지했다.

천문학은 우리 인간의 가장 오래된 과학이다. 인간이 하늘, 특히 태양과 밤하늘에 뜨는 천체들의 움직임을 오랫동안 연구해온 것이 놀랄 일이 아니다. 실제적인 필요들—작물 재배 시기 표시, 수류 이동 안내, 달력 제작 등—이 이러한 관심을 끌었다. 현대 과학이 발흥하기 수천 년 전에 인간은 하늘을 관측하고 그 관측 내용을 그들의 이야기, 종교, 문화 안에 담아냈다.

고대 그리스의 천문학자들은 본질상 철학자들이었다. 플라톤(Plato)과 아리스토텔레스(Aristotle)의 영향을 받은 그리스 천문학자들은 대체로 천체들의 본성, 천체들의 움직임의 원인, 그것들이 인간에게 미치는 영향에 관심이 있었다. 알렉산드로스 대왕(Alexander the Great)의 근동 정복으로 철학적인 그리스 천문학이 산수에 기반을 둔 바빌로니아인들의 천문학과 접촉하게 되었다.

　고전 그리스 천문학은 알렉산드리아의 프톨레마이오스(Ptolemy of Alexandria, 기원후 100-170년)에서 정점에 달했다. 그의 『알마게스트』(*Almagest*)는 기하학, 도표, 그래프, 모델, 계산, 표들로 가득 차 있다. 프톨레마이오스는 별자리 안의 1,000개가 넘는 별들의 경도, 위도, 광도도 포함시켰다.

　프톨레마이오스의 우주 모델은 지구를 여덟 개의 투명한 구체형 수정 껍데기들의 중심에 두었고 그것들 각각은 구체형 러시아 인형처럼 서로의 안에 동심원적으로 자리를 잡았다. 중심에 지구가 고정되어 있고 다른 껍데기들은 달, 태양, 알려진 다섯 개의 행성에 의해 점유되었다. 이 일곱 개의 껍데기들 너머에 별들이 박힌 추가적인 껍데기가 있었다. 여덟 개의 수정 껍데기들은 완벽한 조화 가운데 움직일 수 없는 지구 주위를 궤도를 그리며 돌았다.

　로마 제국이 붕괴하자 그리스 사상(그리스 과학 포함)은 서구 기독교 세계에서 제거되었다. 다행히도 고전 그리스의 천문학 지식이 이슬람의 과학 문화에 흡수되었다.

　중세 초기에 서방 세계와 이슬람 세계 사이의 전쟁과 정복으로 말미암아 오랫동안 상실되었던 『알마게스트』(*Almagest*) 같은 고전 작품들이 서방의 기독교 세계에 노출되었다. 진정한 과학적 통찰력에 굶주렸던 유럽의 초기 대학교들은 프톨레마이오스의 연구들에 매혹되었다. 물론 프톨레마이오스의 우주 모델이 지금은 시대에 뒤진 것이 되었지만 당시에는 최고의 도구, 관측, 수학을 사용한 최고의 과학이었다. 태동하고 있는 유럽의 대학 중심지들에서 천문학이 처음으로 의학과 신학 연구가 차지했던 수위 자리로 올라섰다.

그러나 그 학문적 기쁨은 오래가지 않았다. 13세기에 유럽의 학계는 프톨레마이오스의 천문학을 두고 소란에 빠졌다.

프톨레마이오스의 우주 모델을 창세기에 기록된 창조기사의 문자적 이해 안으로 어떻게 "맞출" 것인지가 문제였다. "궁창"은 어디에 있는가? "궁창 위의 물들"은 어디에 있는가? 별들과 "하늘들" 사이의 구분은 어디에 놓이는가? 해법은 쉬웠다. 창세기는 문자적이므로 그 모델이 변해야 했다. 중세 때 모델을 창세기에 기록된 창조기사의 어구들에 일치시키기 위해 구체의 껍데기 두 개가 추가로 고안되었다.[1]

새로운 도구들, 향상된 관측, 새로운 데이터 덕분에 머지않아 지구 중심의 프톨레마이오스 모델이 태양 중심 모델로 대체되었다. 그러나 이것이 과학과 창세기를 맞추려고 한 마지막 시도는 아니었다.

다윈이 그의 책을 발행하기 전 10년 동안 프랑스와 영국의 고생물학자들과 지질학자들은 주목할 만한 지질학적 발견을 하고 있었다. 모든 사람이 다양한 종류의 암석층마다 자체의 독특한 화석 모음을 지니고 있다는 것을 알았다. 이 관찰은 유럽 전역의 지질학자들에 의해 독립적으로 여러 번 이루어졌다. 진화 개념을 피하고자 많은 지질학자와 고생물학자들(프랑스의 저명한 과학자인 조르주 퀴비에 남작[Baron Georges Cuvier] 포함)은 하나의 창세기 창조기사 안에 복수의 독립된 창조기사들을 끼워 넣었다.[2] 머지

---

1 Michael Hoskin, ed., *The Cambridge Illustrated History of Astronomy* (Cambridge: Cambridge University Press, 1997), 75.

2 퀴비에는 진퇴양난에 빠졌다. 당대의 탁월한 고생물학자로서 그는 화석들이 오랜 시간에 걸친 변화의 이야기를 한다는 것을 알았다. 하지만 신앙인으로서 그는 창세기의 창조 이야기를 충실하게 방어했다. 퀴비에는 그의 딜레마에 대한 해법으로 창세기의 창조에 앞서는

않아 문자적 이해를 보존하고 진화나 오래된 지구에 대한 증거와의 연관성을 피하고자 스물일곱 개의 별도의 창조 사건들이 창세기 안에 끼워 넣어졌다.[3]

21세기에 우리는 아직도 과학의 정사각형 말뚝을 창세기의 둥근 구멍 안에 맞추려고 노력하고 있다. 우리는 어떤 때에는 과학을 창세기에 맞추려고 하고 또 다른 때에는 창세기를 과학에 맞추려고 한다. 어느 쪽으로든 엄청난 지적 곡예가 요구될 수 있다.

공룡들은 큰 문제다

거대한(그리고 인상적인) 공룡들은 무시하기 어렵다. 공룡을 좋아하는 아이들은 자기의 자녀가 어린 나이에 과학적 소질을 보이는 데 열광하는, 맹목적으로 사랑하는 부모들에게 격려를 받는다(실제로 한 연구는 높은 지능과 공룡에 탐닉하는 아이들 사이에 높은 상관관계가 있음을 발견했다).[4]

의심할 나위 없이 공룡들은 고생물학 세계의 스타들이다. 매머드와 거대한 늘보의 화석 골격들에도 그것들의 팬들이 있지만 박물관 관람객들은 공룡의 날개들 앞에 북적인다. "앤서스인제네시스"(Answers in

---

미지의 창조를 제안했다. 머지않아 점점 더 많은 지질층이 식별되었고 다른 학자들도 퀴비에의 인도를 따랐다. 그 결과 과학을 창세기와 조화시키기 위해 독립된 창조들과 홍수들의 복잡한 사이클이 제안되었다.

3 Donald R. Prothero, *Evolution: What the Fossils Say and Why It Matters* (New York: Columbia University Press, 2017), 59-61.

4 "Kids Who Love Dinosaurs Have Much Higher Intelligence, Study Finds," *The Manc*, April 5, 2019, https://themanc.com/news/kids-who-love-dinosaurs-have-much-higher-intelligence-study-finds/.

Genesis)라는 단체의 대표 켄 햄(Ken Ham)은 공룡들이라는 스타의 힘을 인식한다. "우리는 진화론자들에게 통고한다. 우리는 공룡들을 다시 데려오고 있다.…진화론자들은 우리가 공룡들을 사용할 때 매우 화를 낸다. 공룡들은 그들의 스타다."[5]

공룡이 창세기의 어디에 "들어맞는가"라는 질문이 보편적이라는 사실이 놀랄 일이 아니다.

공룡들에 관한 "진실"을 드러내는 창조론자들의 아동 도서들은 사나운 **티라노사우루스 렉스**와 싸우는 사람, 잡은 티라노사우루스를 뿔 달린 공룡을 사용해서 끌고 오는 사냥꾼들, 어린 소녀와 그 아이의 애완 공룡의 목가적인 그림들을 수록한다. 고대인의 문화에서 나온 돌로 만든 작은 상들(stone figurines)이 공룡들의 정확한 모델들이라며 제시된다.[6]

창세기 기사에서 모든 육지 동물과 인간은 창조 주간의 여섯째 날 만들어졌다. 공룡들은 육상 동물이므로 인간과 같은 날에 창조되었다. 이 대목에서 즉각적으로 창세기 기사와 지질학 사이에 문제가 발생한다.

손상되지 않은 지층들에서 공룡 화석과 가까운 곳에서는 아무 데서도 인간의 화석이나 인간이 존재했다는 증거가 담긴 화석이 발견되지 않는다. 사실 공룡들이 멸종하고 나서 최초의 현생인류 화석이 출현하기까지 6,500만 년이 경과한다. 이 연표는 통하지 않는다.

하지만 창세기는 역사다. 창세기는 문자적이다. 우리는 그것이 통하

---

5 Ashley Powers, "Adam, Eve, and T. Rex," *Los Angeles Times*, August 27, 2005, https://www.latimes.com/archives/la-xpm-2005-aug-27-me-dinosaurs27-story.html.

6 예컨대 Kyle Butt and Eric Lyons, *Dinosaurs Unleashed: The True Story about Dinosaurs and Humans*(Montgomery: Apologetics Press, 2004)를 보라.

게 만들어야 한다.

동일한 지층에서 인간 화석과 공룡 화석이 발견되지 않는 상황에서 우리는 "베헤못"과 "리워야단"과 "용"에 대한 성경의 묘사로 향한다.[7] 공룡(dinosaur)이라는 단어가 만들어지기 전에는 사람들이 이런 용어를 사용해서 자기들 가운데 사는 공룡들을 묘사했다는 것이다.

그런 식으로 우리는 과학을 창세기에 맞춘다.

그러나 노아의 방주는 창세기에 공룡이 있었다는 주장에 가장 큰 문제를 제기한다. 노아는 모든 "종류"의 육상 동물 두 마리를 방주에 태우라는 명령을 받았다. 물론 육상 동물은 공룡을 포함한다. (주. 창조론 문헌은 "종류"를 유사한 동물들의 속[genus]으로 정의한다.) 창조론자들은 홍수 때 50-60종류의 공룡이 있었다고 추정한다.[8] 그러므로 우리는 모든 종류의 육상 동물 두 마리 및 정결한 짐승 일곱 쌍, 그리고 100-120마리의 공룡을 방주에 실을 필요가 있다.

이 모든 육상 동물들과 1년의 항해에 대비한 식량 및 물과 사람들을 위한 식량과 물을 실어야 한다. 그리고 식량에 관해 말하자면 많은 공룡들과 육상 동물들은 육식 동물이다. 식량 공급은 식량으로 사용될 동물들과 그들의 식량 및 물도 포함해야 한다.

100마리에서 120마리의 거대한 동물들에게 일 년 동안 숙소와 식량 및 물을 제공하는 것은 거대한 문제를 제기한다. 그리고 **거대하다**는 표현

---

7 욥 40:15; 욥 41:1; 시 91:13.

8 다음 문헌들을 보라. Brian Thomas, "Were Dinosaurs on Noah's Ark?," Creation Q & A, Institute for Creation Research, January 29, 2016, https://www.icr.org/article/were-dinosaurs-noahs-ark; Buddy Davis, "Dinosaurs on the Ark," Answers in Geneis, February 24, 2010, https://answersingenesis.org/dinosaurs/humans/dinosaurs-on-the-ark/.

은 과장이 아니다. 티타노사우루스(Titanosaur)라는 공룡은 지구 행성 위를 걸었던 가장 큰 동물이었다.[9] 다른 대표적인 공룡 "종류들" 중 일부는 크지 않았을지라도 많은 종류가 대형 공룡이었을 것이다. 하지만 창세기는 역사다. 창세기는 문자적이다. 우리는 과학이 창세기에 들어맞게 해야 한다.

해법이 있는가? 방주에 새끼 공룡들을 실었다. 때로는 실제 공룡들이 아니라 공룡 알들을 방주에 실었다. 어떤 형태로든 모두 새끼 공룡들을 방주에 실었다.

거대한 공룡들의 1년 동안의 생물학적 및 신진 대사상의 필요를 어떻게 채울 것인가? 필요한 물리적 공간은 어떻게 확보할 것인가? 육식 동물을 포함한 거대한 동물들의 식량은 어떻게 공급할 것인가?

방주에 새끼 공룡들을 실었다면 모든 문제가 해결된다. 새끼 공룡들은 과학을 창세기에 들어맞게 만든다.

진화, 하나님, 줄어드는 제3의 길

갤럽 조사는 수십 년 동안 인간의 기원에 관한 믿음을 포함하여 미국인의 신앙에서의 추세를 보고해오고 있다. 하나님이 지난 10,000년 이내에 인간을 현재의 형태로 창조했다고 믿는 미국인의 비율이 1983년부터 2019

---

9 티타노사우루스인 **파타고티탄 마이오룸**(*Patagotitan mayorum*)은 길이 3.6미터, 무게 69톤에 달했다. Shaena Montanari, "New Dinosaur Species Was Largest Animal Ever to Walk the Earth," *National Geographic*, August 9, 2017, https://www.nationalgeographic.com/news/2017/08/largest-dinosaur-ever-titanosaur-fossil-patagotitan-science/를 보라.

년까지 견고하게 유지되고 있다. 1990년대에는 최고 47퍼센트에 달했던, 엄격한 창조론을 믿는 미국인 비율은 현재 40퍼센트다. 우리가 예상할 수 있는 바와 같이 창조론을 믿는 응답자의 대다수는 정규적으로 교회에 출석하는 사람들이다.

그러나 2019년 조사에서는 한 가지 현저하게 다른 동향이 있었는데, 나는 그 결과가 상당히 우려스럽다고 생각한다.

갤럽 조사는 인간이 진화를 통해 발달했다고 믿는 사람들 가운데 하나님이 진화를 인도했다고 믿는 사람들과 하나님이 아무런 역할을 하지 않았다고 믿는 사람들을 구분한다. 하나님이 진화에서 아무런 역할도 하지 않았다고 믿는 미국인의 비율이 꾸준히 증가하고 있으며 현재 이 조사가 실시된 이래 가장 높은 수치(22퍼센트)를 보이고 있다. 이에 따라 하나님이 진화 과정에서 일정한 역할을 했다고 생각하는 미국인 비율은 1990년대 이후 점점 낮아지고 있다.[10]

나는 진화의 증거를 받아들이는 그리스도인으로서 엄격한 젊은 지구 창조론의 견해를 취하는 사람의 비율이 꾸준하게 40퍼센트를 유지한다는 사실이 실망스럽다. 미국인 중 과학을 받아들이면서도 신앙인일 수 있다는 것을 더 이상 믿지 않는 사람이 증가하고 있다는 점은 좀 더 당혹스럽다.

---

10 Megan Brenan, "40% of Americans Believe in Creationism," *Gallup News*, July 26, 2019, https://news.gallup.com/poll/261680/americans-believe-creationism.aspx.

우리의 공적인 대화에서 및 우리가 공유하는 집단적인 인상에서 무슨 일
이 일어나고 있기에 진화를 받아들이는 사람은 종교를 거부해야 하고, 역
으로 종교인은 과학을 거부해야 한다고 암시되고 있는가?

편을 선택하기

에이프릴 마스키에비치 코데로(April Maskiewicz Cordero)는 포인트 로마 나
자린 대학교(Point Loma Nazarene University)의 생물학 교수다. 그녀의 연구
의제는 그리스도인 학생들에게 진화를 가르치기의 도전에 초점을 맞춘
다. 코데로의 학생 대다수는 그녀의 생물학 개론 과정을 수강하기 전의 어
느 시점에 "과학과 신앙은 양립할 수 없다"는 말을 들어왔다. 코데로의 학
생 중 적어도 50퍼센트가 자기들이 과학과 신앙 사이에서 선택해야 한다
는 말을 들었다고 응답한다.[11]

많은 젊은 성인이 대학에 들어가기 전에 이 메시지를 듣는다는 것이
놀랄 일이 아니다.

미국의 청소년 사역에 대한 광범위한 연구는 청소년 사역자들과 자
원봉사자들이 과학에 관해 가장 흔하게 듣는 질문은 기원과 진화에 관한

---

11   에이프릴 마스키에비치 코데로, 짐 스텀프(Jim Stump) 및 캐스린 애플게이트(Kathryn
      Applegate)와의 인터뷰, *Language of God*, 팟캐스트 오디오, January 22, 2020, https://
      biologos.org/podcast-episodes/april-cordero-teaching-in-the-tension.

것임을 발견했다.[12] 불행하게도 아이들과 진화에 관해 토론하려고 하는 청소년 사역자의 절대다수가 스스로 자료들을 준비해야 한다. 출간된 자료들이 사용될 경우 가장 흔하게 사용되는 자료는 젊은 지구 창조론의 자료들이다.

많은 사역 자료들이 "당신의 자녀를 어떻게 대학에 보낼 것인가?"라는 주제에 관해 강력한 내용을 담고 있다. 가장 흔하게 인용되는 젊은 지구 창조론의 자료는 대학교수들이 당신의 자녀의 신앙을 파괴하기를 **의도한다**고 명확하게 주장한다.[13] 생물학, 지질학, 천문학 전공자들은 특별히 경고를 받는다. "교수들은 믿을 수 없다." 과학 전공자들은 몇몇 학생들이 창조론자로 밝혀졌을 때 "학위를 받지 못하게" 되었다며 "네가 더불어 말하는 사람을 조심해라"라는 말을 듣는다. 당신이 창조론자임을 보여주지 않으면서 논문을 쓰고 시험 답안을 작성하기 위한 유용한 힌트들이 제공된다.[14]

대중문화에서 신앙과 과학의 양측에 매우 크고 저명한 목소리들이 존재한다. 인기 있는 창조론자인 켄 햄(과 그의 많은 지지자들)과 진화생물학

---

12 Andrew Root, David Wood, and Tony Jones, "Youth Ministry & Science: A Templeton Planning Grant," January 2015.

13 "앤서스인제네시스"라는 단체의 대학 준비 책 *Already Compromised*(Ken Ham and Greg Hall [Green Forest, AR: Master Books, 2011]; https://answersingenesis.org/answers/books/already-compromised/)의 초점은 기독교 대학들이다. 부모들은 "당신은 교수들이 당신 자녀의 신앙을 파괴하고 그들에게 진화를 믿으라고 하는 대가로 등록금을 낼 것이다"라는 경고를 받는다. 디스커버리 인스티튜트(The Discovery Institute)의 *The College Student's Back to School Guide to Intelligent Design*(2009; http://www.arn.org/docs/BacktoSchoolGuide_Sept2009_FN-1.pdf)은 교수들의 "잘못된 정보"에 대한 반응들을 제안한다.

14 Jason Lisle, *How to Survive Secular College*, "앤서스인제네시스" 비디오, https://answersingenesis.org/college/.

자이자 "신무신론" 변증가인 리처드 도킨스(Richard Dawkins, 그리고 그의 많은 지지자들)는 단호하게 하나님과 진화는 친구가 될 수 없다는 입장을 취한다.

햄은 널리 시청되고 논의된 빌 나이(Bill Nye, 과학인)와의 2014년 토론을 통해 대중에게 알려졌다. 햄과 빌의 토론이 마무리될 때 햄은 어떤 과학적 증거가 진화에 관해 그를 납득시킬 수 있을 것인가라는 질문을 받았다. 그는 뭐라고 답변했을까? "아무것도 나를 납득시키지 못합니다." 햄은 단호하게 기독교의 관점을 방어했다. 그에 따르면 오래된 지구와 진화를 뒷받침하는 어떤 과학적 증거도 일축되어야 하고 창세기를 문자적으로 읽어야 한다.

도킨스는 진화생물학자이자 연구자이고 여러 책의 저자다. 도킨스 역시 거리낌 없는 종교 비판자이며(그는 모든 종교를 위험하다고 생각한다) 토크 쇼 "리얼 타임 위드 빌 마어"(*Real Time with Bill Maher*), "더 데일리 쇼"(The Daily Show, 트레버 노아[Trevor Noah] 및 존 스튜어트[Jon Stewart]와 공동 출연) 같은 많은 비과학 프로그램에 초대되었고 "심슨 가족"(*The Simpsons*)에 특별 출연하기도 했다. 도킨스는 신앙과 과학 사이의 조화에 강하게 반대하며 변명하지 않는 그리스도인인 미국 국립 보건원(National Institutes of Health) 소장 프랜시스 콜린스(Francis Collins)와 공개적으로 토론했다.[15]

텔레비전과 영화도 고려 대상에서 제외되지 말아야 할 요소다. 현재 미국인들이 가장 좋아하는 텔레비전 과학자는 아홉 살의 "어린" 셸던

---

15 리처드 도킨스와 프랜시스 콜린스 사이의 90분 동안의 토론 내용을 정리한 다음 대본을 읽어보라. David Van Biema, "God vs. Science," *Time*, November 5, 2006, http://content.time.com/time/magazine/article/0,9171,1555132-1,00.html.

(Sheldon)이다. 그는 처음에는 인기 있는 장수 프로그램인 "빅뱅 이론"(*Big Bang Theory*)에서 성인으로 등장한다.

어린 셸던의 성격 좋은 목사는 설교 도중에 질문할 때조차 참을성 있게 셸던의 과학 및 종교 질문들을 받아준다. 셸던의 어린 시절을 다룬 관련 시리즈 "어린 셸던"(*Young Sheldon*)에 "교회들은 다윈이 하나님에 관한 그의 믿음에 관해서는 옳았지만 진화에 관해서는 틀렸다고 말한다"라는 대사가 나온다. 물론 성경과 셸던의 목사에 따르면 "빅뱅"은 없었다. 제프(Jeff) 목사는 단호하게 "빅뱅은 없었다. 하나님의 말씀만 있었다"고 말한다(물론 어린 셸던은 그 말씀이 **"우르르 꽝"하는 폭발음**이었느냐고 묻는다).[16]

당신이 어린 셸던이 말하는 요점을 충분히 파악하지 못했다면 인기 영화 "신은 죽지 않았다"(*God's Not Dead*) 시리즈가 요점을 강력하게 표현할 것이다. "무신론자 교수들은 과학의 편에 서고 신앙으로 충만한 학생들은 하나님 편에 선다."

"신은 죽지 않았다" 3부작 영화의 1편에서 무신론자인 어떤 교수가 그리스도인 학생에게 신의 존재에 관해 공개 토론을 하자고 도전한다.[17] 그 도전은 그 교수가 모든 학생에게 "신은 죽었다"라는 말을 쓰도록 요구할 때 시작된다. 그 그리스도인 학생은 "저는 교수님이 원하시는 것을 할 수 없습니다. 저는 그리스도인입니다"라고 대답한다. 나는 내 생물학 수업을 들은 두 학생이 바로 이 장면을 염두에 두고서 노트 카드를 작성했다고 생각하지 않을 수 없다.

---

16 *Young Sheldon*, 시즌 1, 3화, "Poker, Faith and Eggs," 2017년 11월 9일 CBS 방영.

17 *God's Not Dead*, 감독 Harold Cronk (Pure Flix, 2014).

그 토론은 우주의 시작과 생물학적 진화에 초점을 맞춘다. 물론 교수는 빅뱅과 진화에 찬성하고 그리스도인 학생은 하나님 편을 든다.

이 기독교 영화의 주요 인물들은 태도가 매우 분명하다. 진화를 방어하는 교수는 밉살스럽고 무례하며 그 학생에게 공개적으로 망신을 주면서 즐거워한다. 한번은 그 학생이 자기가 타고 있는 엘리베이터에 들어올 때 위협적으로 노려본다. 엘리베이터 문이 닫히자 그는 학생의 머리 뒤에 야유한다. "나는 자네가 내 수업에서 말하게 하고 자네의 선전을 토해내게 하는 실수를 했네." 그 그리스도인 학생은 겸손하고 진지하고 말을 잘하며 다른 학생들의 존경을 받는다.

수업 시간에 자기 차례가 주어지자 그 학생은 자신의 방어를 시작한다. "지난 150년 동안 다윈주의자들은 인간의 존재를 설명하기 위해 하나님이 필요치 않으며 진화가 하나님을 대체한다고 말해왔습니다." 그 학생은 계속해서 다윈이 "결코 다루지 않은" 것들을 자세하게 이야기하면서 진화의 신빙성을 부정한다.

물론 영화는 해피 엔딩으로 끝난다. 학생은 투표에서 그 토론의 "승자"로 결정되고 교수는 궁극적으로 하나님께 대한 신앙을 고백한다. 그러나 그 영화의 승리(그리고 인기)에는 대가가 따른다. 그 영화는 과학을 잘못 나타내며 과학과 신앙 사이에 불필요한 선을 긋는다.

교회를 통해서든 대중 매체를 통해서든 중심적인 메시지는 명확하다. 당신은 과학이나 신앙 사이에서 선택해야 한다는 것이다.

확실히 미국인들은 그 말을 듣고 있다.

그들은 점점 더 어느 한쪽을 선택하고 있다.

Baby Dinosaurs on the Ark?

3장

과학이란 무엇인가?

과학의 본질과 진화에 관한 기본 사항

너무 많은 여성이 사망하고 있었다.

닥터 이그나츠 젬멜바이스(Dr. Ignaz Semmelweis)가 그의 새로운 일터인 비엔나 종합병원(Vienna General Hospital) 분만실에 도착했을 때 그는 즉시 산욕열(childbed fever)로 사망하는 여성의 수에 충격을 받았다. 1847년 당시에는 불행하게도 출산 중 또는 출산 후 사망이 너무도 흔했다. 그럼에도 젬멜바이스는 당혹스러웠다.

남성 의사들과 의대생들의 보살핌을 받는 병동에서 산욕열로 인한 사망률은 경악스럽게도 29퍼센트나 되었다. 이 여성들은 출산이나 출산 합병증으로 사망한 것이 아니라 출산하고 나서 며칠 뒤에 사망했다.

여성 조산사들이 배치된 병동에서 산욕열로 인한 사망률은 3퍼센트에 불과했다.

젬멜바이스는 의학의 황금기가 시작될 때의 의사였다. 의사들은 어느 정도의 과학 교육을 받을 것과 과학의 관점에서 환자 보호에 접근할 것이 기대되었다. 의사이자 과학자인 젬멜바이스는 두 병동 사이의 산욕열 사망률에 큰 차이가 나는 현상에 대해 어떻게 설명할 수 있을지 생각해 보았다.

젬멜바이스는 우선 출산 자세를 주목했다. 의사들의 병동에서 분만하는 여성들은 등을 대고 누워서 분만하는 반면에 조산사들의 병동에서 분만하는 여성들은 옆으로 누워서 분만했다. 따라서 젬멜바이스는 의사들의 병동에서 분만하는 여성들에게 옆으로 누워서 분만하도록 지도했다. 하지만 사망률 차이는 지속되었다.

젬멜바이스는 처음부터 다시 시작했다. 병동 중 하나에서 여성이 사망할 때마다 성직자가 복도를 거닐면서 음산한 종을 울렸다. 젬멜바이스는 조종 소리가 회복 중인 여성을 놀라게 해서 그들에게 열이 나고 그들이 병에 걸려 사망한다는 가설을 세웠다. 젬멜바이스는 종을 울리는 것을 중단하라고 지시했다. 이번에도 변화가 없었다.

의사를 통해 분만하는 병동과 조산사를 통해 분만하는 병동 사이에 한 가지 차이가 남아 있었다. 분만 사이에 의사들과 학생들은 장갑을 끼지 않은 채 시체를 해부했다. 아기를 분만할 시간이 되면 의사들과 학생들은 찬물에 대충 손을 씻을 때도 있었고 씻지 않을 때도 있었다. 아기가 태어난 후 의사들과 학생들은 그들의 시체 해부로 돌아갔다. 그 과정이 의사들이 분만을 담당하는 동안 반복되었다.

조산사들은 시체를 해부하지 않았다. 그들은 아기들을 분만시키기만 했다.

젬멜바이스의 최종적인 가설은 "의사들의 손 위와 손톱 밑의 시체 조각들이 산욕열을 야기한다"는 것이었다. 시험적으로 의사들과 의대생들에게 시체 해부 후와 분만 전에 그들의 손과 도구들을 비누와 염소 용액으로 씻으라는 지시가 내려졌다. 그 결과가 어떻게 되었을까? 의사들의 병동의 산욕열 사망률이 조산사들의 병동의 산욕열 사망률과 같은 수준으로 떨어졌다.

젬멜바이스는 유럽 전역의 의사들에게 손을 씻는 관행을 설득시키려고 노력했다. 의사들은 일반적으로 머뭇거렸고 의사들의 잘못이라는 젬멜바이스의 고발에 대해 너무도 자주 화를 냈다. 하지만 젬멜바이스는 약

삭빠르지 않았고 손씻기를 실행하기를 주저하는 의사들을 공개적으로 질책했다.

비엔나 종합병원은 궁극적으로 손씻기를 포기했고 손씻기는 유럽에서 유행하지 않았다. 젬멜바이스는 분노하고 정신병이 걸린 상태로 보호시설에서 47세에 사망했다.

그러나 다른 의사들과 학생들이 젬멜바이스의 실험을 반복했고 환자 생존률이 높아졌다. 손씻기는 더 이상 육감에 불과한 것이 아니었다. 젬멜바이스의 작업은 세균 이론의 기초였고 세균 이론은 현대 의학의 시작을 알렸다.

오늘날 환자들이 감염되었을 때 의사들은 무에서 시작하지 않는다. 그들은 더러운 냄새나 악령을 질병의 원인으로 고려하지 않는다. 의사들은 더 이상 별들이나 행성들 또는 환자의 운세와 상의하지 않는다. 의사들은 더 이상 환자들의 "체액들"의 균형을 점검해서 혈액의 균형이 맞지 않을 경우 환자들의 피를 빼내지 않는다. 의사들이 감염의 원인을 찾아보거나 연구자들이 새로운 바이러스에 대한 백신과 치료법을 연구할 때 그들은 세균 이론으로 시작한다. 그들은 감염병은 현미경으로나 볼 수 있는 작은 병원균에 의해 야기된다는 지식을 가지고 시작하고 거기서부터 연구한다.

그저 이론일 뿐이라고?

과학자들이 **이론**이라는 용어를 사용할 때 그들은 그 용어의 일상적인 용법과는 상당히 다른 의미로 사용한다. 예컨대 나는 내가 응원하는 댈러스 카우보이스 팀이 이번 시즌에 우승할 것이라는 이론을 가지고 있다. 그것은 예감이며 아마도 단지 희망 사항에 불과한 추측일 것이다.

과학 이론은 그런 것과는 판이하다. 과학 이론은 하나의 관찰로서 시작한다. 젬멜바이스가 두 산부인과 병동에서 당혹스러울 정도로 다른 사망률을 관찰했음을 상기하라. 그는 이어서 자신이 관찰한 현상에 대해 가능한 설명으로서 출산 자세, 조종 소리, 시체 조각이 달라붙은 손을 제안했다. 관찰된 무언가에 대한 가능한 설명은 **가설**이라고 불린다. 젬멜바이스는 각각의 가설을 검증한 뒤 더러운 손 가설 하나만 증거를 통해 뒷받침된 것을 발견했다.

오랜 세월이 흐르고 수십 년의 연구가 이뤄진 뒤 복수의 과학자들이 많은 증거를 수집하고 발표해서 다른 과학자들이 비평하게 한 뒤 계속 뒷받침되는 가설은 **과학 이론**의 반열에 도달한다.

가설이 이론이 되면 우리가 할 일이 끝나는가? 그것은 우리가 알아야 할 것을 다 안다는 의미인가? 물론 그렇지 않다. 우리가 새로운 것들을 배우고 새로운 증거를 발견하면 이론들은 조정될 것이다. 그러나 일단 어떤 아이디어가 과학 이론의 지위에 도달하면 토대들과 기본 원칙들이 세워진다. 우리가 질병에 관한 새로운 정보를 발견하고 우리의 세균 이론 이해에 그것을 추가할 것인가? 물론 우리는 그럴 것이다. 그러나 우리가 질병을 야기하는 것이 병원균이 **아니라** 사실은 별들과 행성들과 냄새나는 공기**임**을 발견할 것인가? 그러지 않을 것이다.

그것이 과학 이론의 힘이다. 과학 이론들은 그 분야의 토대들이며 근본은 변하지 않을 것이다. 당신은 원자와 분자 없이 화학을 연구하려고 시도하는 것을 상상할 수 있는가? 당신은 수학이 없이 물리학을 연구해보기를 원하는가? 중력 이론, 세포 이론, 원자 이론 등은 모두 여러 차례 검증되었고 참인 것으로 판명되었으며 원칙적으로 안정적이다.

당신이 수술을 받을 필요가 있다고 가정해보자. 의사가 당신의 병실에 들어와 "저는 오늘 바빠서 당신의 수술을 위해 손을 씻거나 장갑을 끼지 않을 것입니다. 그리고 도구들도 소독하지 않을 것입니다. 괜찮습니다. 세균 이론은 결국 이론일 뿐입니다"라고 말한다.

당신은 신속하게 그 병원에서 나가지 않겠는가?

불행하게도 이론이라는 용어의 일상적인 의미가 너무도 자주 진화 이론에 적용된다. 그 용어는 대개 다음과 같은 맥락에서 사용된다. "우리가 왜 학교에서 진화와 더불어 창조과학이나 지적 설계를 가르칠 수 없는가? 결국 진화는 '단지' 이론일 뿐이다." "진화는 사실이나 법칙이 아니다. 그것은 '그저' 이론일 뿐이다."

사실 우리가 과학 용어의 계층을 정한다면 **이론**은 가장 위에 위치한다. 과학 이론은 법칙이나 사실보다 **위에** 위치한다. 이론이 법칙들과 사실들을 일리가 있게 만들어주기 때문이다. 이론은 법칙들과 사실들을 짜서 논리정연한 전체로 만든다.

중력 이론, 세균 이론, 원자 이론, 세포 이론과 마찬가지로 진화 이론 역시 수십 년의 연구를 통해 뒷받침된다. 진화는 현대 생물학의 모든 것을 이해하기 위한 기초를 이룬다. 진화 원칙들은 환경 과학과 위험에 처한 종들의 보존 분야에서 우리가 하는 일을 인도한다. 진화 원칙들은 현대의 농업 관행에 대한 우리의 이해를 인도한다. 유전학자인 테오도시우스 도브잔스키(Theodosius Dobzhansky)가 "진화에 비추어 보지 않고서는 생물학에서 아무것도 말이 되지 않는다"고 한 말은 유명하다.

진화에 관해 의문을 품을 수 있고 그것을 의심하거나 거부할 수도 있다. 하지만 진화를 "단지 이론일 뿐이다"라고 말할 수는 없다.

과학은 어떻게 작동하는가

변호사들은 옹호자들이다. 좋은 변호사는 자기 의뢰인의 입장의 타당성을 방어한다. 민사 소송에서 대립하는 두 입장이 모두 타당할 수 있지만 변호사의 일은 자기 의뢰인의 입장의 타당성을 방어하는 것이다. 판사들은 두 주장을 가늠해서 주관적으로 결정을 내린다.

과학은 다르다. 과학은 무엇이 **알려질 수 있는지**를 알기 원한다. 과학은 "무엇이 진실인가?"라는 질문을 한다. 과학은 실재, 즉 자연 세상에 의존한다. 과학은 "승리하기"라는 목표 없이 증거를 조사한다. 실패한 실험들도 여전히 성공적이다. 우리는 실패한 실험을 통해 대답이 무엇이 **아닌지**를 안다.

과학은 스스로 교정한다. 증거를 편견 없이 조사한 뒤 마음을 바꾸는 것은 수치스러운 일이 아니다.

2015년에 뉴 호라이즌스(New Horizons) 탐사선이 명왕성을 근접 비행하기 전에 과학자들은 명왕성이 좀 더 차가운 행성들과 어깨를 나란히 하고 널리 쓰이는 행성 목록에 자리를 잡으려고 하는 비활성 얼음 덩어리— 비활성 행성—라고 생각했다. 그러나 뉴 호라이즌스호의 근접 비행으로 모든 것이 변했다. 우리는 이제 명왕성이 지질학적으로 활동성이고 명왕성에 높은 산들이 있으며 화산들도 있을 수 있음을 안다. 새로운 정보를 통해 우리는 명왕성에 대한 우리의 묘사를 변경했다. 사람들은 여전히 명왕성이 행성으로 분류되어야 하는지를 두고 논쟁을 하고 있지만 우리는 더 이상 명왕성이 비활성이라고 말하지 못한다.

과학은 단순한 사실 수집 이상이다. 과학은 과정이다. 과학은 우리가 자연 세상을 이해하기 위해 사용하는 도구다.

동료 학자들의 검토(또는 과학자들은 서로가 틀렸음을 증명하기를 좋아한다)

2018년 노벨 화학상 수상자인 프랜시스 아널드 박사(Dr. Frances Arnold)는 "실망스러운" 발표로 2020년을 시작했다. 1월 1일에 그녀는 트위터에 다음과 같은 글을 올렸다.

"나의 연구와 관련된 2020년의 첫 번째 트위터에서 우리가 베타 락탐의 효소 합성에 관한 지난해 논문을 철회했다는 소식을 발표하게 되어 실망스럽습니다. 그 연구는 재현할 수 없었습니다."[1]

언급된 연구는 그녀가 노벨상을 받은 연구가 아니었지만 그럼에도 철회는 실망스러웠다. 논문이 발표된 뒤 다른 화학자들이 그녀의 데이터에서 오류들을 발견했다. 다른 어떤 화학자도 그녀의 발견사항을 재생산할 수 없었다. 노벨상 수상자들조차 동료 학자들의 검토에서 면제되지 않는다. 노벨상 수상자이든 아니든 그들의 연구가 틀렸다면 다른 과학자들이 그것을 밝혀낼 것이다.

과학은 진리를 추구한다. 과학은 이기기 위해 어떤 입장을 옹호하지

---

1   Bruce Y. Lee, "Nobel Prize Winner Frances Arnold Retracts Paper, Here Is the Reaction," *Forbes*, January 5, 2020, https://www.forbes.com/sites/brucelee/2020/01/05/nobel-prize-winner-frances-arnold-retracts-paper-here-is-the-reaction/#71d5683032c1.

않는다. 과학은 실재를 알고자 한다.

과학은 진리를 추구한다. 과학은 이기기 위해 어떤 입장을
옹호하지 않는다. 과학은 실재를 알고자 한다.

과학적 증거는 연구 분야의 좀 더 넓은 과학자 사회에 제시되지 않는 한 타당한 것으로 여겨지지 않는다. 연구들은 동료 학자들의 심사를 받아 저널(그 분야의 전문가들이 검토한다)에 발표되거나 동료 학자들의 검토를 받는 학회에 발표되어야 한다. 그러나 저널들과 학회들은 단지 시작에 지나지 않는다. 과학자들은 주저 없이 서로 동의하지 않거나 다른 사람의 연구에 존재하는 오류를 입증한다.

몇 년 전에 나는 닐 디그래스 타이슨(Neil deGrasse Tyson)의 강연을 들었다. 그는 청중들로부터 질문을 받았는데 우주의 나이와 진화에 관한 피할 수 없는 질문들이 제기되었다. 나는 그의 답변에 나타난 메시지를 결코 잊지 못할 것이다. "만일 누구든 어느 곳에서든 지구의 나이나 생명의 진화에 관해 우리가 알고 있는 내용이 틀렸음을 증명할 수 있다면 그 사람은 노벨상을 탈 것입니다. 달리 말하자면 그것을 꺼내 놓으십시오. 당신의 최상의 증거를 제시하고 해당 분야의 과학자들로 하여금 그것을 검토해서 당신의 발견 내용이 다른 사람들에 의해 복제될 수 있는지 보십시오."

찰스 다윈과 저녁 식사용 아르마딜로

캐나다 앨버타주 드럼헬러(Drumheller)라는 작은 마을에 있는 로열 티렐 박물관(The Royal Tyrrell museum)은 당신이 공룡을 좋아한다면 반드시 보아야 할 곳이다. 티렐 박물관은 다수의 거대한 티라노사우루스, 정교한 뿔과 주름 장식이 있는 공룡들(이것들이 진짜인가?)과 **티라노사우루스 렉스** 크기의 오리 주둥이를 한 **하드로사우루스** 떼를 소장하고 있다.

티렐 박물관을 방문했을 때 나는 우선 캐나다의 이 지역의 중요한 산업인 석유와 가스 탐사에 할애된 예비적인 전시실을 둘러보았다. 이 전시실들 곳곳에 석화된 상당한 양의 나무토막들과 연료를 찾는 도중에 우연히 발견된 다른 항목들이 진열되어 있었다.

그리고 거기에 그 화석이 있었다.

그리 자주는 아니지만 나는 문자적으로 걸음을 멈추는데, 이번에도 그랬다.

와!

전시실 중앙에 당신이 결코 본 적이 없을 것 같은 공룡 화석이 있었다. 그것은 골격의 잔해가 아니었다. 2차원의 인쇄물도 아니었다. 건조해서 박제한 사체도 아니었다.

1억 1,000만 년 된 공룡이 살아 있을 때 모습 **거의 그대로** 나타났다.

「내셔널 지오그래픽」 사진사는 그것을 자신의 생애에서 보았던 가장 인상적인 화석이라고 불렀다. "그것은 '왕좌의 게임'[Game of Thrones]의

용과 비슷했다. 그것은 영화의 소품처럼 매우 입체적이었다."[2]

살았을 때 이 초식 동물은 길이는 5미터가 넘었고 무게는 1톤이 넘었다. 그것은 살(spike)들로 덮여 있었고 각각의 어깨에 50센티미터 크기의 인상적인 살들을 과시하고 있었다. 그것은 로열 티렐 박물관에 공개적으로 데뷔하기 6년 전에 광산 발굴 운영자에 의해 발견되었다. 이 공룡은 곤봉을 휘두르는 안킬로사우루스의 갑옷을 입은 친척인 노도사우루스의 새로운 종이다. 그것은 새로 발견된 1억 1,000만 년 된 공룡이다.

고생물학자들은 그 공룡이 홍수에 의해 강을 떠내려가 바다로 흘러들어서 배를 위로 향한 채로 빠르게 가라앉았다고 생각한다. 그것은 운석이나 화산 분출물의 낙하로 인해 만들어진 구멍인 충돌 화구 안에 등이 바닥 쪽을 향하여 자리 잡았고 퇴적물로 덮였다. 광물들이 그것의 껍질과 갑옷으로 스며들었다. 그 표본을 준비하느라 수천 시간을 보낸 기술자인 마크 미첼(Mark Mitchell)은 그것을 지금까지 만들어진 가장 잘 보존되고 가장 아름다운 공룡 표본 중 하나—"공룡들의 모나리자"—라고 불렀다.[3]

이 공룡과 아주 가까이서 얼굴을 맞대고 서 있으면서 나는 "이 동물은 **참으로 오래되었고** 생물들은 **많이** 변했다"는 두 가지 생각에 압도되었다.

당연한 얘기다.

---

2   Michael Greshko, "This Dinosaur Is the 'Most Impressive Fossil' We've Ever Seen," *National Geographic*, May 14, 2017, https://www.nationalgeographic.com/photography/proof/2017/05/nodosaur-fossil-discovery-science-photography/.

3   "Well-Preserved 'Mona Lisa' of Dinosaurs Unearthed in Canada," *news.com.au*, August 5, 2017, https://www.news.com.au/technology/science/animals/wellpreserved-mona-lisa-of-dinosaurs-unearthed-in-canada/news-story/c94efecbf530683b5e0480614af19df1.

약 180년 전에 젊은 시절의 찰스 다윈(Charles Darwin)은 비글호를 타고 떠난 유명한 세계 일주 여행에서 동일한 두 가지 생각을 했다. 다윈은 아르헨티나에서 그 지역의 진미인 껍질째 구운 아르마딜로를 먹었다. 아르헨티나의 이 지역에서도 거대한 동물인 글립토돈이 발견되었다.

글립토돈은 멸종되었다. 그리고 글리토돈은 거대한 아르마딜로처럼 생겼다.

다윈은 자기가 먹고 있는 작은 아르마딜로가 같은 지역에서 발견된 거대한 글립토돈 화석과 매우 비슷한 모습을 하고 있다는 것을 알아챌 수밖에 없었다. 한 가지 종이 광대한 시간에 걸쳐 다른 종을 대체했는가?

다윈의 시대에 사람들은 생물이 정태적이라고 생각했다. 즉 당신이 보고 있는 것이 언제나 존재해왔다는 것이다. 달리 말하자면 모든 생물은 약 6,000년 전에 하나님에 의해 현재 형태로 특별하게 창조되었다는 것이다. 하지만 다윈이 사물들이 언제나 이런 식으로 존재해 온 것이 아닐 수도 있다고 생각한 최초의 인물은 아니었다.

다윈 이전의 시기에 지질학자들은 지구가 사실은 매우 오래되었음을 이해하기 시작했다. 18세기와 19세기 초에 발견된 화석들은 몇몇 종이 멸종되었음을 암시했다. 다윈의 시대에 다른 박물학자들은 지구상의 생명이 변했을 수도 있다고 생각했다. 앨프리드 러셀 월리스(Alfred Russel Wallace)도 그중 한 명이었는데 그는 진화 전체에 대해 다윈을 거의 앞질렀다.

다윈이 생명이 진화했다고 제안한 유일하거나 심지어 최초의 인물이 아니라면 왜 그의 이름이 진화와 동의어로 여겨지는가? 다윈은 다음과 같은 중요한 세 가지 분야에서 최초로 대화를 진척시켰다.

- 다윈은 그것을 통해 진화가 발생한 기제, 즉 자연 선택을 최초로 제안했다.
- 다윈은 딥 타임(deep time) 개념을 편입했다. 그에 따르면 종의 진화는 수백만 년에 걸쳐 일어났다.
- 다윈은 계통수 모델을 제안했다. 모든 생명은 서로 관련이 있다.

즉 다윈은 최초로 어떻게 변화가 일어났는지에 관한 아이디어를 진척시킨 인물이었다.

다윈의 빅 아이디어

다윈은 생존하기 위한 투쟁이 자연에 상존한다는 것을 인식했다. 살아남는 생물들은 그것들의 환경에 가장 적합한 특질을 지닌 생물들이다. 어떤 것들은 사냥 기술이 좋아서 먹잇감을 잘 사냥한다. 다른 것들은 잘 숨거나 위장해서 먹이가 **되는 것**을 피한다. 어떤 생물들은 극한적으로 뜨겁거나 차가운 곳에서 살 수 있는가 하면 또 다른 생물들은 이용할 수 있는 먹이에 적합한 부리나 이빨 또는 입을 가지고 있다. 경쟁이 잔혹할 수도 있지만 다윈은 그 과정이 창의적이고 그 결과로 "매우 아름다운 무한한 형태"가 생겨났다고 보았다.[4]

다윈은 특질에서의 변화가 종의 변화를 위한 출발점이라고 이해했다. 특질상의 작은 변화조차도 생존과 죽음 사이에 차이를 만들 수 있다. 여러 세대에 걸쳐서 작은 변화들이 축적되고 새로운 종이 자신의 방향으

---

4   Charles Darwin, *On the Origin of Species*, 1859년 11월 24일 발간된 원본.

로 갈라진다. 바로 이 자연 선택을 통한 진화가 다윈의 빅 아이디어다.

우리는 이제 다윈이 몰랐던 내용인, 유기체에서의 변이는 유전자들 안의 분자 수준에서 일어난다는 것을 안다. 유전자상의 변화, 즉 돌연변이는 모집단에서의 변이의 양을 증가시킨다. 유전자의 돌연변이는 "복사 오류"로 생각될 수 있다. 그것들은 무작위적이며 늘 일어난다. 종종 DNA에서의 분자의 복사 교정(copyediting)을 통해 이런 복사 오류들이 포착되어 교정된다. 몇몇 돌연변이들은 교정을 회피하며 해로울 수 있다. 대다수 돌연변이는 중립적이다. 이따금 돌연변이가 유기체에 유익할 때도 있다.

유전자의 돌연변이는 우연에 의해 개체 수준에서 일어나지만 진화는 개체 수준에서 일어나지 않는다. 돌연변이가 모종의 이점을 제공할 경우 모집단에서 돌연변이된 유전자가 증가할 것이다. 돌연변이가 해로우면 그것은 모집단에서 사라질 것이다. 자연 선택은 사실 "이 특질이 개체를 환경에 좀 더 적합하도록 만들 것인가?"로 요약된다. 그럴 경우 해당 개체는 생존해서 짝을 찾고 다음 세대에 후손을 남길 가능성이 커진다. 어떤 특질이 어느 개체를 환경에 덜 적합하게 만들면 그 개체는 생존해서 짝을 찾고 다음 세대에 후손을 남길 가능성이 작아진다.

자연 선택은 완벽을 의미하지 않는다. "적자생존"이라는 용어는 오해를 유발하며 자연 선택의 부정확한 정의다. "적자생존"은 어느 개체가 가장 강하거나 가장 빠르거나 가장 재능이 있다고 암시한다. 어느 개체가 최고여야 [환경에] "적합"한 것은 아니다. 자연 선택은 가장 적합한 자의 생존이 **아니다**. 자연 선택은 "충분히 적합한"—생존하고 짝을 찾고 후손을 남기기에 충분히 적합한—자의 생존이다.

진화는 종종 "무작위" 과정 또는 "우연한" 과정이라고 조롱받는다.

회의론자들은 머리를 흔들면서 어떻게 완전히 우연한 과정이 우리가 자연에서 보는 아름다움과 복잡성을 낳을 수 있었는지 질문한다. 그러나 자연 선택에 의한 진화는 결코 무작위적이지 않다. 유전자의 돌연변이는 무작위적이지만 어느 집단에서 돌연변이가 시작할지는 확실히 무작위적이지 않다. 종들은 그것들이 지닌 특질들이 그것들을 환경에 적합하게 만들기 때문에 진화한다. 특정한 종을 환경에 덜 적합하게 만드는 특질들은 그것들을 멸종으로 이끈다. 자연 선택은 주사위 던지기의 명제인 우연에 의한 것이 아니다.

다윈이 1809년에 태어난 점을 감안하면 그가 자연 선택에 관해 그렇게 많이 이해했다는 사실이 참으로 놀랍다. 찰스 다윈은 현대의 분자 유전학은 고사하고 아무도 유전자나 염색체 또는 DNA에 관해 들어보지 않던 시대에 살고, 연구하고, 저술하고, 죽었다. 그리고 특질들의 유전 가능성에 관한 그레고어 멘델(Gregor Mendel)의 연구는 20세기까지는 인정되지 않았기 때문에, 그들이 동시대인들이었음에도 다윈은 멘델에 관해 들어보지 못했다.

그럼에도 진화의 비판자들은 흔히 찰스 다윈의 저작을 진화의 실패에 대한 증거 텍스트로 삼는다. 셀 수 없을 정도로 많은 변증가가 현대의 질문들을 다윈의 방식으로 던져대는데 각각의 경우 다윈은 그 질문들에 답변하거나 그것들을 다루지 못한다.

다윈은 DNA의 구조가 파악되기 전인 1882년에 71세로 사망했다. 다윈은 많은 질문을 답변하지 않은 채로 남겨졌다. 다윈에게는 그런 것들을 알 수 있는 도구들이 없었다. 다윈은 답변할 도구들을 갖고 있지 않았지만 21세기 과학은 그 일을 참으로 잘 해낸다. 우리는 17세기의 아이작 뉴턴이 21세기 물리학자들의 질문들을 다루지 않았다고 해서 중력 이론을 버리지 않는다. 19세기의 틀에도 불구하고 수백만 년에 걸친 자연 선택과 모든 생물의 공통 조상에 의한 진화라는 다윈의 이론의 기본 원리들은 여전히 논쟁의 여지가 없다.

진화의 도구

19세기에 아일랜드 감자 기근으로 말미암아 아일랜드에서 많은 사람이 사망했다. 이 비극에 이르게 한 상황은 다면적이었지만 결정적인 요소는 감자 자체였다. 당시에 아일랜드에서 재배된 감자는 유전적 변이가 없는 품종인 "럼퍼"(lumper) 감자였다. 모든 럼퍼 감자는 다른 모든 럼퍼 감자의 복제 식물이었다. 병이 발생하면 감자 농사가 망쳐졌다. 감자 작물에 유전적 변이가 있었더라면 몇몇 감자는 질병에 대한 저항력을 지녔을 가능성이 있다. 하지만 럼퍼 감자들은 복제 식물이었고 따라서 감자가 수확되지 않았다.

　럼퍼 감자 이야기는 진화의 본질적인 요소를 보여준다. 즉 자연 선택은 이미 존재하는 것에 대해서만 작용한다. 감자는 무로부터 새로운 저항 유전자를 만들어내지 못한다. 감자는 병에 대응해서 새로운 유전자를 개발하려고 "노력할" 수 없다. 자연 선택은 해당 유기체에 이미 존재하는 유전자들로부터만 선택할 수 있다. 저항 유전자가 감자 모집단에 존재한다면 그 유전자를 지닌 식물들은 살아남고 후손을 남길 것이다. 저항 유전자가 없는 식물은 모두 죽고 후손을 남기지 못할 것이다.

　이제 2014년에 발생한, 유사한 이야기가 아주 다르게 끝난 사례를 살펴보자.

어떤 연구실에서 토양에서 흔하게 발견되는 박테리아인 **슈도모나스 플루오레센스**(*P. fluorescens*)를 연구하고 있었다. **슈도모나스 플루오레센스**는 질소를 고정시켜 토양에 존재하는 질소를 식물들이 이용할 수 있게 만든다.

연구원들은 그 박테리아가 그것들의 환경에서 운동 능력을 상실하면 무슨 일이 일어나는지 알고자 했다. 연구원들은 헤엄치는 데 사용되는, 외부에 장착된 작은 모터 같은 구조인 편모를 성장시키는 유전자를 제거했다.

그렇게 만들어진 박테리아 군체는 헤엄을 칠 수 없었다. 헤엄칠 수 없는 박테리아들은 그것들 바로 옆에 있는 영양분을 소모한 후에는 먹이를 얻을 수 없다. 따라서 편모가 없는 박테리아들에게는 영양분을 공급해줘야 한다. 영양분을 공급해 주는 일은 대학원생 조수에게 맡겨졌는데 불행하게도 그는 며칠 동안 그 일을 잊어버렸다.

최악의 상황을 두려워한 그는 배양 접시를 조사했다. 예상했던 바와 같이 대다수 박테리아는 죽었다. 하지만 상당히 놀랍게도 살아남은 소수의 작은 군체들이 있었다.

더 놀라운 일이 기다리고 있었다. 생존한 군체들은 다시 자란 편모를 갖고 있었다! 그 편모는 원래의 편모만큼 크고 강하지는 않았지만 배양 접시 안에서 헤엄치고 먹이를 발견하기에 충분했다. 편모를 만드는 유전자가 없는데 살아남은 박테리아는 어떻게 편모를 다시 자라게 했는가?

연구원들은 생존한 박테리아와 생존하지 못한 박테리아를 비교하여 다른 유전자에서 답을 발견했다.[5] 하지만 이 유전자는 편모를 만드는 것과는 아무 관계가 없었다. 대신 그것은 질소를 조절하는 단백질을 만드는 유전자였다.

질소를 조절하는 단백질은 편모를 만드는 단백질과 약 30퍼센트 유사하다는 것이 밝혀졌다. 열쇠는 바로 생존한 박테리아들은 질소 조절 단백질이 **돌연변이된** 이형을 가지고 있었다는 것이었다. 이 돌연변이가 단백질의 과잉 생산을 유발했다. 편모를 만드는 단백질과 유사한 단백질의 과잉 생산은 원래의 편모보다 작지만 그래도 기능을 하는 편모를 성장시키기에 충분했다.

하지만 그 이야기는 좀 더 좋아진다. 자연적인 토양 환경에서는 돌연변이가 질소 조절을 대폭 감소시키는데 이는 질소를 조절하는 박테리아에게는 확실히 불리한 점이다. 자연환경에서 돌연변이를 지닌 박테리아가 희귀한 것도 이해할 만하다.

그러나 그 연구에서는 박테리아를 토양이 아니라 배양 접시에서 길렀다. 환경이 변했다. 돌연변이가 일어나지 않은 박테리아는 죽었다. 돌연변이가 일어난 박테리아는 (좀 더 작은) 편모를 다시 자라게 했고 살아남았다.

럼퍼 감자와 편모가 없는 박테리아 이야기에서 우리가 진화에 관해

---

5   "Evolve or Die: Strong Selective Pressures Repurpose Gene Function," in *Biotechnology Discoveries and Applications* (Huntsville, AL: HudsonAlpha Institute for Biotechnology, 2016), 10, https://s3.amazonaws.com/hudsonalpha/wp-content/uploads/2015/11/02223430/Guidebook-for-web.pdf. Ruth Williams, "Evolutionary Rewiring," *The Scientist*, February 26, https://www.the-scientist.com/daily-news/evolutionary-rewiring-35878도 보라.

무엇을 배울 수 있는가?

환경의 압력이 진화를 추동한다. 환경에 변화가 일어나면 집단들은 적응하거나 죽어야 한다. 감자에 병이 생겼을 때 그 집단에 저항 유전자가 없었다. 그 감자 집단은 멸종했다. 편모가 없는 박테리아는 적응하거나 죽어야 한다. 소수의 박테리아는 원래의 편모보다 작지만 여전히 기능을 하는 편모로 자라도록 전환된 유전자를 갖고 있었다. 배양 접시 환경에서 대다수 박테리아는 죽었지만 신종 편모를 지닌 소수의 하위 집단은 생존했다. 그 하위 집단의 모든 후손은 신종 편모를 지닐 것이다.

자연 선택은 집단에 이미 존재하는 유전적 도구(toolkit)에 대해서만 작용할 수 있다.

유전자들은 다른 용도에 사용된다. 유전자들은 켜지거나 꺼진다. 유전자들의 새로운 조합은 특정한 종에서 극적인 변화로 귀결된다. 자연은 검소하며 진화는 수선장이다. 종들은 적응하거나 죽어야 한다. 오늘날의 돌연변이는 수천 년 또는 수백만 년의 생존에 대한 열쇠일지도 모른다.

두 자매와 엘비스 컨벤션

사람들은 다양한 이유로 서로 닮는다. 두 명의 생물학적 자매들을 생각해 보라. 두 명 다 진한 갈색 머리, 초록색 눈동자를 갖고 있고 몸매가 가냘프다. 그 자매들이 똑같지는 않지만 그들이 닮았다는 것을 우리가 알아차리지 못할 수 없다. 그 자매들은 그들이 혈족이기 때문에 서로 닮는다. 그들은 최근의 공통 조상을 공유하기 때문에 서로 닮는다.

다른 한편으로 사람들은 다른 이유로 서로 닮을 수도 있다. 엘비스 프레슬리(Elvis Presley) 분장 컨벤션 참가자 두 사람을 고려해 보라. 두 사람 모두 긴 구레나룻과 검은 곱슬머리를 갖고 있으며 인조 수정이 박힌 점프 수트를 입고 있다.

그 자매들 사이의 유사성은 공통 조상에 기인하지만 두 엘비스 사이의 유사성은 다른 이유에 기인한다.

환경은 생물들에게 있어서 진화적 변화의 강력한 동인이다. 환경상의 변화가 럼퍼 감자의 멸종으로 이어졌다. 환경상의 변화가 연구실 박테리아에게서 신종 편모의 진화를 자극했다.

환경상의 압력은 우리가 별로 관련이 없는 동물들이 매우 비슷하게 보이는 것을 발견하게 될 정도로 진화의 매우 강력한 동인이다. 세 종류의 매우 다른 동물들인 상어, 돌고래, 어룡(멸종한 파충류)을 생각해 보자. 세 동물 모두 바다에서 살지만(또는 살았지만) 하나는 어류이고 다른 하나는 포유류이며 또 하나는 파충류다.

세 동물 모두 해양 생활이라는 환경상의 압력을 받는다. 공기역학적으로 물속을 이동할 필요가 있는가? 그러면 유선형의 신체를 지니게 된다. 물속에서 빠르게 헤엄치고 신속하게 방향을 바꿀 필요가 있는가? 그러면 지느러미와 물갈퀴를 지니게 된다.

진화는 다른 세 동물에게서 유사한 문제(해양 환경에서 사는 것)에 대한 해답을 유사한 방식(유선형 신체, 지느러미와 물갈퀴)으로 풀었다. 상어, 돌고래, 어룡의 신체의 유사성은 공통 조상에게서 물려받은 것이 아니다. 그것들의 신체의 유사성은 공통적인 환경상의 압력 때문에 생겨났다. 물론 세 동물에게는 아주 오래전에 공통의 척추동물 조상이 있었지만 그것들의 공통 조상은 유선형 신체, 지느러미, 물갈퀴를 가지고 있지 않았다.

우리는 지구 전체에서 진화가 유사한 환경상의 문제들을 유사한 방식으로 푼 것을 본다. 오스트레일리아는 독특한 포유류 집단의 고향이다. 오스트레일리아의 모든 육상 포유류는 캥거루와 코알라처럼 주머니를 가진 유대류다. 지구의 다른 부분에는 주머니가 없는 태반 포유류가 살고 있다. 오스트레일리아는 (거대한 섬으로 이루어진 대륙으로서) 지구의 다른 부분들로부터 물리적으로 분리되었지만 세계의 모든 곳에서 발견되는 동일한 환경 조건의 많은 것들을 지니고 있다. 우리는 놀라울 정도로 많은 오스트레일리아의 유대류들이 거기서 먼 장소들에 존재하는 태반 포유류들과 외양 및 생활방식이 매우 비슷하다는 사실을 발견한다. 유대 포유류 하늘다람쥐는 태반 포유류 날다람쥐와 외양 및 생활방식이 유사하다. 유대 포유류 태즈메이니아 데빌은 태반 포유류 오소리와 외양 및 생활방식이 유사하다. 유대 포유류 캥거루는 태반 포유류 마라와 외양 및 생활방식이 유사하다. 각각의 경우에 진화가 다른 동물들을 공통적인 환경상의 압력에 같은 방식으로 적응시켰다. 다시 말하거니와 유대 포유류와 태반 포유류는 오래전에 공통 조상을 공유했지만 그것들의 공통 조상은 우리가 오늘날 유대 포유류와 태반 포유류에게서 보는 특질들을 지니지 않았다.

종들은 환경에 의해 제기된 문제들에 적응하거나 죽어야 한다.

4장

당신은 어느 진영에 속하는가?

신념들에 관한 고찰

레이(Rey)는 내가 가장 좋아하는 "스타워즈" 배우다. 나는 극장에서 에피소드 8을 보았을 때 내 나이에 맞지 않게 레이처럼 옷을 입었다. 버즈피드 (BuzzFeed)의 "당신은 스타워즈의 어느 인물인가?" 퀴즈가 나더러 타운타운 류크(Tauntaun Luke)가 내 안에 잠자고 있다("당신은 끔찍한 냄새가 나지만 당신이 없으면 사람들이 길을 잃을 것이다")고 알려줬을 때 내가 얼마나 실망했을지 상상해 보라.

우리는 성격 목록을 좋아한다. 그것이 마이어스-브릭스 유형 지표 (Myers-Briggs Type Indicator, 약어는 MBTI)든 에니어그램(Enneagram)이든 버즈피드 퀴즈든 간에 한 사람의 성격상의 특질, 선호, 신념들이 어떻게 인식할 수 있는 패턴들 안에 들어가는지 알아보면 유익한 정보가 제공될 수 있다(심지어 교훈적일 수도 있다). 하지만 다수의 다른 그룹들에 어느 정도 걸치지 않고 하나의 그룹에 결정적으로 부합하는 사람은 드물다.

마찬가지로 사람들 대다수는 "젊은 지구 창조론", "오래된 지구 창조론", "지적 설계", "유신 진화/진화적 창조론"이라는 어느 한 두뇌 집단에 의해 요약된 요소들 안에 완전히 들어맞지는 않을 것이다. 각 진영의 주요 저자들과 영향력이 있는 옹호자들이 종종 같은 진영 안의 다른 사람들과 다소 다르기 때문에 경계들은 유동적이다.

용어들을 정의하려는 나의 시도는 밀접하게 정렬된 진영들 안에서조차 견해들과 입장들에 미묘한 차이들이 있음을 인정한다. 아래의 내용들은 창조론 진영(젊은 지구 창조론과 오래된 지구 창조론 모두), 지적 설계, 유신 진화/진화적 창조, 자연주의 진영에서 과학과 종교에 관한 두뇌 집단, 출판사, 영향력 있는 옹호자들의 밑바탕을 이루는 요약적인 원리들이다.

한 가지 더 주의할 점이 있다. 정확성을 기하기 위해서 말하자면 나는 **창조론자**(creationist)와 **창조론**(creationism)이라는 용어를 사용하여 특정한 단체와 관점을 지칭한다. 의심할 나위 없이 진화의 증거를 받아들이면서 하나님이 만물의 창조자이자 유지자임을 믿고 하나님을 창조주로 여기는 개인들이 존재한다. 나는 **창조론자**와 **창조론**이라는 용어를 물리적 세상의 기원에 관한 특정한 관점을 지칭하기 위해 사용한다.

젊은 지구 창조론

주요 옹호자

젊은 지구 창조론의 관점에서 책, 논문, 웹 기반 자료, 교회/홈스쿨 과정 자료들을 가장 많이 펴내는 곳은 켄 햄의 "앤서스인제네시스"와[1] 댈러스에 기반을 둔 창조과학연구원이다.[2] 두 그룹 모두 그들의 조직과 관련된 인상적인 방문처를 갖고 있다. 켄터키주 윌리엄스타운에 위치한 아크 인카운터(Ark Encounter)와 켄터키주 피터스버그에 위치한 창조 박물관 (Creation Museum)은 "앤서스인제네시스"와 관련된 명소다. 2019년에 창조과학연구원은 그들의 댈러스 캠퍼스에 인상적인 새 박물관인 디스커버리 센터(Discovery Center)를 개관했다.

"크리에이션 투데이"(*Creation Today*)의 에릭 호빈드(Eric Hovind)는 젊은 지구 창조론의 새 인물이다.[3] 그는 최근에 햄의 아크 인카운터에 관한 다큐멘터리 "우리는 공룡을 믿는다"(We Believe in Dinosaurs)에 출연했다.[4]

젊은 지구 창조론 자료들을 위한 출판사로 시작한 아폴로제틱스 프레스(Apologetics Press, 앨라배마주 몽고메리 소재) 역시 출판물과 커리큘럼의 원천이다. 아폴로제틱스 프레스는 출판 외에 창조론자 여름 수양회와 행사의 강사들도 제공한다.[5]

과학적 증거

"앤서스인제네시스"에서 일하는 분자 유전학자인 조지아 퍼돔(Georgia Purdom)은 과학적 증거에 관한 젊은 지구 창조론자의 관점을 간략하게 설명한다. "내가 믿는 것은 증거에 기초하는 것이 아니라 성경에 기초한다."[6]

젊은 지구 창조론자들(Young earth creationists, YEC)은 과학의 사실들에 관해 이상한 접근법을 취한다. 사실들은 해석되어야 하는데 성경은 그것을 통해 모든 사실이 여과되어야 하는 렌즈라는 것이다. 젊은 지구 창조론자들에 따르면 성경은 우주와 생명의 시작에 관한 문자적이고, 직접적이고, 역사적으로 정확한 설명을 제공한다. 그러므로 문자적인 성경 해석과

---

3   Eric Hovind, https://creationtoday.org/eric-hovind/.

4   "우리는 공룡을 믿는다"는 "앤서스인제네시스"의 아크 인카운터 박물관에 관한 다큐멘터리로서 착상부터 개관일까지의 이야기를 담고 있다. 이 영화는 그 프로젝트 배후의 창조론자들을 출연시키며 그 지역 과학계로부터의 반대를 강조한다. https://www.webelieveindinosaurs.net.

5   Apologetics Press, http://apologeticspress.org.

6   *Dennis Venema and Georgia Purdom LeTourneau University April 11 Part 3*, April 14, 2014 포스팅, https://www.youtube.com/watch?v=fb7QNFdW7Cc&feature=youtu.be.

과학적 증거 사이에 충돌이 있으면 언제나 성경이 옳고 과학은 언제나 틀렸다. 예를 들어 화석 기록은 창세기에 수록된 창조 순서—열매 맺는 나무가 먼저 창조되고 이어서 바다 생물들과 새들이 창조되고 마지막으로 육상 동물들이 창조됨—와 충돌한다. 창세기에서 주어진 순서가 정확하기 때문에 화석 기록에 대한 현대의 해석은 기본적으로 부정확하다.

생물학자들의 압도적 다수가 진화를 받아들인다고 말하는 것이 과장은 아니지만 진화를 거부하는 현업 생물학자들도 있다(그들은 극도의 소수파다).[7] 그러나 생물학자들이 진화를 거부하는 것은 종교적 이유 때문이고 과학적 증거가 부족하기 때문이 아니다.

토드 우드(Todd Wood)는 이 곤란한 상황을 보여준다. 우드는 생화학 박사 학위 소지자이고 창조론 자료의 원천 중 하나인 코어 아카데미 오브 사이언스(Core Academy of Science)의 창립 원장이다. 우드는 "진화에 관한 진실"(The Truth About Evolution)이라는 제목의 그의 블로그로 코어 아카데미 웹사이트상의 논쟁에 불을 붙였다.

진화는 위기에 처한 이론이 아니다. 그것은 비틀거리면서 붕괴하기 직전에 처해 있는 것이 아니다.…진화에 관한 증거가 아주 많이 존재한다.…진화의 실패에 관한 진실을 감추기 위한 음모는 없다.…창조론자인 학생들이여, 나의 말을 주의해서 들으라. 진화에 관한 증거가 있으며 진화는 매우 성공적인 과학 이론이다. 그렇다고 해서 진화가 궁극적으로 진실인 것은 아니며 그것

---

7   David Masci, "For Darwin Day, 6 Facts about the Evolution Debate," Pew Research Center, February 11, 2019, https://www.pewresearch.org/fact-tank/2019/02/11/darwin-day/.

이 생존할 수 있는 대안이 있을 수 없음을 의미하지도 않는다. 진화를 거부하는 것은 나 자신의 신앙의 선택이다.[8]

젊은 지구 창조론자들은 과학적 사실들이 정확하게 해석되면 언제나 성경의 기사를 확인할 것이라는 데 동의한다.[9]

지구와 우주의 나이

젊은 지구 창조론자들은 창세기에 수록된 창조기사가 하루 24시간의 문자적인 6일을 묘사한다고 믿는다. 우주 전체와 모든 생명이 엿새 만에 출현했다는 것이다.

젊은 지구 창조론자들은 우주 나이가 6,000년에서 10,000년이라고 믿는데 6,000년 쪽으로 기울어져 있다. 이 기간은 창세기 5장과 11장의 계보들을 사용하여 계산된다. 그 계보들과 창세기에 기록된 아담 및 기타 인물들의 가정된 수명에 근거해서 창조는 약 6,000년 전에 일어났고 노아의 홍수는 약 4,000년 전에 일어났다고 추정된다.

젊은 지구 창조론자들은 나무의 나이테, 얼음 고리, 암석들의 연대를 추정하기 위한 현대의 방법들이 6,000년 된 지구를 확인하지 않기 때문에 그 방법들이 틀렸다고 생각한다. 마찬가지로 천문학적 증거(예를 들어 먼 거

---

8 Todd Wood, "The Truth about Evolution," 토드의 블로그, September 30, 2009, http://toddcwood.blogspot.com/2009/09/truth-about-evolution.html.

9 예를 들어 다음 글들을 보라. Ken Ham, "What's the Best 'Proof' of Creation?," Answers in Genesis, March 18, 2010, https://answersingenesis.org/evidence-for-creation/whats-the-best-proof-of-creation/; John D. Morris, "Does Science Conflict With the Bible?," Institute for Creation Research, November 1, 1997, https://www.icr.org/article/1173.

리를 이동하는 빛)는 우주 나이가 6,000년이라는 가정하에 해석된다.

창조 주간

모든 생명은 특별하게 창조되었다. 어떤 자연 과정도 관여하지 않았다. 인간을 포함한 모든 유기체는 즉각적이고 개별적으로 창조되었고 현재의 형태로 창조되었으며 완전히 성숙하고 기능하는 상태로 창조되었다.

하지만 젊은 지구 창조론자들은 기본적인 "종류들" 안에서의 변이들에 동의한다. 젊은 지구 창조론자들은 생명이 "속"이라는 "종류"들 안에서 복수의 이형들을 만들어낼 수 있는 잠재력을 지니고 창조되었다고 믿는다. 예를 들어 사자, 호랑이, 가축화된 고양이들은 특별하게 창조된 "고양이 종류"에서 파생되었다. 그러므로 노아는 대표적인 "종류들"만 방주에 실으면 되었다. ("종류" 개념은 창조론에 독특하며 현대 생물학에서 발견되는 개념이 아니다.)

젊은 지구 창조론자들은 완전히 형성되고 발전된 육식 동물을 포함한 모든 동물이 초식 동물로 창조되었다고 믿는다. 어떤 동물도 아담과 하와가 죄를 짓기 전에는 고기를 먹지 않았다.

인간

최초의 남성인 아담은 흙으로부터 완전히 형성되고 성숙한 상태로 특별하게 창조되었다. 최초의 여성인 하와는 아담의 갈비로부터 완전히 형성되고 성숙한 상태로 특별하게 창조되었다. 인간은 다른 어떤 동물과도 공통 조상을 공유하지 않으며 창조될 때부터 형태와 특성 면에서 완전히 인간이었다.

지금까지 살았던 모든 인간은 이 최초 부부의 직계 후손이다. 방주의 생존자 여덟 명은 아담과 하와의 직계 후손이며 홍수 이후의 모든 인간은 이 여덟 명의 직계 후손이다.

노아의 홍수

젊은 지구 창조론자들은 한결같이 지구의 지각에서 발견되는 지질학적 증거(화석 기록을 포함한다)는 주로 노아 기사에 묘사된 바와 같은 재앙적인 지구적 홍수에 기인한다고 믿는다. 젊은 지구 창조론자들은 홍수 물이 가장 높은 산봉우리들을 포함하여 지구의 표면 전체를 덮었다고 믿는다. 그랜드캐니언을 포함한 지구의 지질학적 지형들의 많은 부분이 노아의 홍수에 기인한다. 그리고 젊은 지구 창조론자들은 지역적 홍수가 발생했다는 어떤 주장도 일축한다.

젊은 지구 창조론에 따르면 (방주에서 구원을 받지 못한) 지구의 모든 육상 동물과 조류 및 많은 바다 생물들이 그 홍수에서 죽었다. 방주에 탄 여덟 명을 제외한 모든 인간도 홍수에서 죽었다.

신학

젊은 지구 창조론자들은 창세기를 역사적 사건에 대한 시간, 순서, 세부사항 면에서 정확한 문자적이고 직접적인 기록으로 읽는다. 창세기는 역사이며 시, 알레고리, 신화 또는 다른 어떤 장르도 아니다. 젊은 지구 창조론자들은 성경의 무오성이 문자적이고 역사적인 창세기를 요구한다고 믿는다.

문자적인 창세기(젊은 지구에 대한 믿음 포함)가 없다면 신앙의 다른 측면에서 우리가 성경을 신뢰할 수 없다. 아크 인카운터의 기념 명판 중 하나에 다음과 같이 쓰여 있다. "만일 내가 당신에게 홍수가 실제로 일어나지 않았음을 설득할 수 있다면 나는 당신에게 천국과 지옥이 실제로 존재하지 않는다는 것을 설득할 수 있을 것이다."[10]

젊은 지구 창조론의 관점에서는 문자적인 창세기가 기독교 신학에 필수적이다. 죄, 사망, 예수의 구원하는 복음의 신학은 창세기의 문자적 해석에 의존한다.

오래된 지구 창조론

주요 옹호자

"리즌투빌리브"(Reasons to Believe, 캘리포니아주 코비나 소재)는 오래된 지구 창조론(old earth creationism, OEC)의 행사, 연사, 저자, 미디어, 출판물에 대해 가장 잘 알려진 자료 센터다.[11] "리즌투빌리브"의 창립자인 휴 로스(Hugh Ross)는 『과학으로서의 창조: 창조/진화의 전쟁을 끝내기 위한 검증 가능한 모델 접근법』(*Creation as Science: A Testable Model Approach to End the Creation/Evolution Wars*)의 저자이며 오래된 지구 창조론의 대표적인 인물이다.[12]

존 클레이턴(John Clayton)의 하나님이 존재하는가(*Does God Exist?*, 인디애나주 사우스벤드 소재)는 좀 더 소규모의 오래된 지구 창조론 조직이다.[13] 이 조직은 웹사이트를 운영하며 월보를 발행한다. 지구과학 교사로서 클레이

---

10   *We Believe in Dinosaurs*, https://www.webelieveindinosaurs.net.
11   Reasons to Believe, https://reasons.org.
12   Hugh Ross, *Creation as Science: A Testable Model Approach to End the Creation/Evolution Wars* (Colorado Springs: NavPress, 2001).
13   Does God Exist?, https://www.doesgodexist.org.

턴은 자신의 창조론 관점 안에서 오랫동안 오래된 지구를 옹호해왔다.

과학적 증거

오래된 지구 창조론자들은 자연에 나타난 하나님의 계시와 성경에 나타난 하나님의 계시라는 "두 계시" 모델을 통해 과학적 증거에 접근한다. 하지만 과학과 성경 사이에 충돌이 생기면 그들은 성경 편을 든다. "리즌투빌리브"의 파잘레 라나(Fazale Rana)는 이렇게 말한다. "그것은 공통 조상의 증거가 없다고 말하려는 것이 아니다. 그 증거가 있다. 하지만 나는 이 증거에도 불구하고 오래된 지구 창조론을 선호한다."[14]

이 모델 안에서 오래된 지구 창조론자들은 과학적 증거가 궁극적으로 성경과 일치할 것이라고 믿는다.[15] 예를 들어 오래된 지구 창조론자들은 창세기에 수록된 "창조하다"라는 단어의 의미가 과학의 빅뱅 묘사와 일치한다고 믿는다.

오래된 지구 창조론자들은 모든 생명의 공통 조상에 관한 증거를 거부한다. 그들은 하나님이 지구의 역사 전체를 통틀어 각각의 모든 종을 수십억 번 기적적이고 개별적으로 만드셨다고 믿는다.

---

[14] Fazale Rana, "No Joke: New Pseudogene Function Smiles on the Case for Creation," Reasons to Believe, April 1, 2020, https://reasons.org/explore/blogs/the-cells-design/read/the-cells-design/2020/04/01/no-joke-new-pseudogene-function-smiles-on-the-case-for-creation.

[15] Jeff Zweerink, "A Best of TNRTB: General Revelation Affirms Scripture Accounts," Reasons to Believe, December 31, 2010, https://reasons.org/explore/blogs/todays-new-reason-to-believe/read/tnrtb/2010/12/31/a-best-of-tnrtb-general-revelation-affirms-scripture-accounts.

지구와 우주의 나이

그 명칭이 암시하듯이 오래된 지구 창조론자들은 우주의 나이(약 140억 년)와 지구의 나이(약 46억 년)에 관한 과학적 증거를 받아들인다. 지구와 우주의 나이에 관한 과학적 증거 수용은 젊은 지구 창조론과 오래된 지구 창조론 진영들 사이에 계속되는 갈등의 원천 중 하나다.

오래된 지구 창조론자들은 대개 휴 로스의 "날-시대" 접근법을 사용해서 지질학적 증거를 7일 동안의 창조와 조화시킨다. 로스에 따르면 "날"(day)에 대한 창세기의 단어는 매우 길지만 유한한 기간으로 해석되는 것이 가장 좋다. 달리 말하자면 창조 주간은 하루 24시간의 문자적인 6일이 아니라 여섯 개의 창조 행동의 기간으로 나눠진 수십억 년이었다.

다른 오래된 지구 창조론자들은 창조를 에덴 "전"과 에덴 "후"로 분리해서 "태초"와 창세기의 창조 주간 사이에 수십억 년의 간격을 허용한다.[16] 창조 주간은 문자적인 7일 동안의 사건으로 믿어지지만 창세기 1:1과 창세기 1:2 사이에 수십억 년이 존재한다.

창조 주간

오래된 지구 창조론자들은 창세기에 묘사된 창조의 날들이 지구상의 생물 출현에 대한 연대기적 설명이라고 믿는다. 수십억 년에 해당하는 창조 "주간"에 하나님이 멸종한 생물과 현재 생존하고 있는 수백만 종 각각을 특별하게 창조하셨고 개별적으로 창조하셨다.

16　Ronald L. Numbers, *The Creationists* (Cambridge: Harvard University Press, 1992), 7. 『창조론자들』(새물결플러스 역간).

오래된 지구 창조론자들은 생물학적 진화의 모든 측면을 거부한다. 종들 사이의 공통 조상을 가리키는 증거는 한 창조주가 공통의 디자인과 패턴을 활용한 결과다.

인간

오래된 지구 창조론자들은 네안데르탈인, 데니소바인, 오스트랄로피테쿠스계 같은 현생인류 전의 인간을 포함한 화석 기록의 증거를 받아들인다. 하지만 현생인류 전의 인간들은 영적인 존재가 아니라 동물들로 간주된다.

아담과 하와는 문자적이고 역사적인 부부였다. 그들은 별도로 창조되었고 특별하게 창조되었으며 다른 피조물과 공통 조상을 공유하지 않는다. 오래된 지구 창조론자들은 모든 인간이 아담과 하와의 후손이라고 믿는다.

노아의 홍수

오래된 지구 창조론자들은 노아의 홍수가 방주에서 구원받지 못한 모든 인간과 동물을 멸망시켰다고 믿는다. 이 점은 젊은 지구 창조론자들과의 주요 차이점인데, 오래된 지구 창조론자들 다수가 그 홍수가 범위에 있어서 세계적이었다고 믿지 않는다. 대신 그 홍수는 인간이 정착한 지역으로 제한되었다.

신학

오래된 지구 창조론자들은 창세기가 역사적으로나 과학적으로 오류가 없다고 믿는다. 오래된 지구 창조론자들은 자기들의 창세기 해석을 문자적 해석이라고 여긴다.

오래된 지구 창조론자들은 1917년에 발행된 인기 있는 스코필드 주석 성경의 난외 주석에서 근거를 발견한다. 창세기 1장에 대한 중앙의 난외 주석에서 창조의 날은 기원전 4004년으로 제시된다. 스코필드는 스터디 노트에서 그날이 "에덴" 사건이 일어난 날이라고 밝힌다. 역사적으로, 오래된 지구 창조론자들은 종종 창조 주간 전에 방대한 기간이 있었음에 대한 성경의 권위를 주장한다.[17]

오래된 지구 창조론자들은 젊은 지구창조론자들과 마찬가지로 문자적 아담의 타락이 기독교의 본질적인 교리라고 생각한다. 하지만 오래된 지구 창조론자들은 젊은 지구 창조론자들과 달리 아담의 타락이 **오직** 인간의 죽음만을 초래했다고 믿는다. 즉 인간이 아닌 생명(식물, 동물)은 타락 전에 규칙적으로 죽음을 겪었다.

지적 설계

지적 설계(Intelligent design, ID)는 사실은 창조론 견해들과 별도의 견해라기보다는 그런 견해들을 방어하는 방법의 하나다. 지적 설계 옹호자들이 "창조론자"라고 불리는 것에 확고하게 저항하지만 창조론자들은 규칙적으로 설계와 다윈의 진화론의 실패에 호소하는데 이는 모두 지적 설계 모델의 특징이다.

---

17   Numbers, *The Creationists*, 60.

주요 옹호자

디스커버리 인스티튜트(Discovery Institute, 워싱턴주 시애틀 소재)는 의심할 나위 없이 지적 설계 운동의 중심지다.[18] 디스커버리 인스티튜트는 지적 설계 모델의 선도적인 옹호자들을 둔 두뇌 집단이자 정책 센터다. 디스커버리 인스티튜트는 과학 문화 센터(Center for Science & Culture)를 두고 있다. 과학 문화 센터는 웹 기반 미디어와 다큐멘터리뿐만 아니라 종교계열 학교, 홈스쿨, 교회들을 위한 커리큘럼도 만들어낸다.

마이클 비히(Michael Behe), 스티븐 메이어(Stephen C. Meyer), 윌리엄 뎀스키(William A. Dembski)는 지적 설계 서적들과 논문들을 가장 왕성하게 쓰는 저자들이다.

전설적인 기독교 변증가 조쉬 맥도웰(Josh McDowell, 『평결을 요구하는 증거』[Evidence That Demands a Verdict])의 아들인 션 맥도웰(Sean McDowell)은 지적 설계 옹호자들의 새로운 얼굴이다. 션 맥도웰은 그의 부친과 더불어 『평결을 요구하는 증거』 개정판(Evidence That Demands a Verdict, 2017)을 냈다.[19] 그는 디스커버리 인스티튜트의 윌리엄 뎀스키와 공동으로 지적 설계에 관한 책을 쓰기도 했다. 맥도웰은 "성경적으로 생각하라"(Think Biblically) 팟캐스트를 운영하며 변증물에 강사로 자주 출연한다.[20]

---

18 Discovery Institute, https://www.discovery.org.

19 Josh McDowell and Sean McDowell, *Evidence That Demands a Verdict* (Nashville: Thomas Nelson, 2017).

20 "성경적으로 생각하라"는 바이올라 대학교의 스코트 래(Scott Rae)와 션 맥도웰이 운영하는 팟캐스트다. https://www.biola.edu/blogs/think-biblically/about.

과학적 증거

지적 설계는 과학적 관점의 맥락에서 철학적 논증을 사용한다. 지적 설계는 생물학적 시스템과 구조들의 복잡성에 초점을 맞추기 때문에 지적 설계 문헌은 상당히 전문적일 수도 있다.

지적 설계 연구의 핵심적인 요소는 "축소 불가능한 복잡성"(irreducible complexity)이다. 즉 인도되지 않은(자연적인) 과정은 결코 우리가 생물학적 시스템과 구조들에서 목격하는 복잡성과 기계 같은 특질들을 만들어낼 수 없다는 것이다. 그 시스템이나 구조의 어떤 부분이라도 제거하면 그 시스템이나 구조가 쓸모없게 된다. 그러므로 복잡한 시스템들은 특별하게 설계되었고 의도적으로 설계되었으며 설계자가 존재한다는 논박할 수 없는 증거다.

지적 설계는 과학에서 "설명되지 않은" 것들에도 초점을 맞춘다. 과학 지식에 틈새가 있을 경우 지적 설계 옹호자들은 "그것이 실제로 설명 가능한가?"라고 묻는다. 지적 설계는 진화 이론에 존재한다고 상정되는 "약점들"을 강조한다.

지적 설계 옹호자들은 지적 설계를 과학 이론이라고 여긴다.

지적 설계는 과학 이론이다. 그것은 다른 역사적 과학들이 보편적으로 사용하는 방법을 채용해서 우주와 생물의 특정한 특질들은 자연 선택 같은 인도되지 않은 과정을 통해서가 아니라 지적인 원인을 통해 설명되는 것이 가장 좋다고 결론짓는다.[21]

---

21   The Center for Science and Culture, "What Is the Science Behind Intelligent Design?,"

동료 학자들의 심사를 받은 과학 저널에 지적 설계의 연구물이 실리지 않는 것은 주류 과학자들이 지적 설계에 대해 편견을 지녔기 때문이라고 간주된다.

지구와 우주의 나이

지적 설계 모델은 지구와 우주의 나이가 수십억 년이라는 것을 받아들인다.

창조 주간

지적 설계의 옹호자들은 그것을 과학 이론이라고 묘사하기 때문에 지적 설계 모델은 창세기에 기록된 대로의 창조 주간에 관해 어떤 주장도 하지 않는다.

지적 설계 모델은 화석 기록을 지구상에 생명이 출현한 데 대한 정확한 기록으로 받아들인다. 그 모델에 따르면 화석 기록에서 대다수 그룹은 갑자기 나타나며 완전하게 형성되었다. 지적 설계는 공통 조상의 가능성을 허용하지만 계통은 설계된 것이지 진화의 결과가 아니라고 가정한다.

지적 설계는 우리가 생명체에서 보는 변이의 원천으로서 "오랜 시간에 걸친 변화"의 일부 측면을 받아들이지만 인도되지 않은 자연 선택을 거부한다.

Discovery Institute, May 1, 2009, https://www.discovery.org/a/9761/.

인간

지적 설계는 문자적 또는 역사적 아담과 하와에 관해 어떤 주장도 하지 않는다.

지적 설계 옹호자들은 초기 인간의 화석 역사를 회의적으로 생각한다. "루시" 같은 초기 호미닌들과 **호모** 속의 초기 구성원들은 인간의 조상들이 아니라 유인원(ape)들로 간주된다. 지적 설계 모델에 따르면 (네안데르탈인 같은) **호모** 속의 후기 구성원들은 인간이었을 수도 있다.

지적 설계 옹호자들은 현생인류 **호모** 속은 화석 기록에서 갑자기 나타난다고 믿는다.

노아의 홍수

지적 설계 모델은 창세기에 관해 어떤 주장도 하지 않는다. 따라서 노아의 홍수나 "홍수 지질학"은 그 모델에서 다뤄지지 않는다.

신학

지적 설계 옹호자들은 지적 설계를 다른 어떤 종교 전통과도 분리된 개념이라고 묘사하며 자기들은 성경을 포함한 어떤 신성한 책에도 충성하지 않는다고 주장한다.

하나님이 지적 설계 모델의 공식적인 구성 요소는 아니지만 지적 설계는 (진화 같은) 인도되지 않은 자연적인 원인은 우리가 우주와 생명체에서 목격하는 것을 설명할 수 없다고 명시적으로 주장한다. 지적 설계 모델은 자연 세상을 이름을 부여하지 않은 "지적인 설계자"에게 귀속시킨다. 지적 설계 옹호자의 압도적 다수는 성경의 하나님이 의심할 나위 없이 그 설계자라고 가정한다.

유신 진화/진화적 창조론

주요 옹호자

진화의 증거도 받아들이는 많은 신앙인이 반드시 특별한 그룹과 동일시하지는 않은 채 자신을 이런 관점에서 묘사한다.

하지만 **유신 진화**와 **진화적 창조론**이라는 용어들은 모두 이 견해에 대한 묘사다.

유신 진화/진화적 창조론에 대한 최대의 옹호자 그룹은 바이오로고스(BioLogos, 미시간주 그랜드래퍼즈 소재)다.[22] 바이오로고스 웹사이트는 유신 진화/진화적 창조론을 지지하는 논문, 책, 행사들을 기획하고 보급하며 검토한다. 바이오로고스는 현 국립보건원 연구소장이자 전 인간 게놈 프로젝트 소장이었던 프랜시스 콜린스 박사에 의해 2019년에 설립되었다.

콜린스는 유신 진화/진화적 창조론의 사고의 선봉에 서 있다. 2020년 템플턴상 수상자인 콜린스는 오랫동안 과학과 이성의 통합을 옹호해왔다.[23] 콜린스는 그의 베스트셀러 책 『신의 언어』(*The Language of God*)에서 자기가 진화와 기독교를 모두 수용하는 것을 방어한다.[24]

---

22 BioLogos, https://biologos.org.

23 템플턴상은 "과학의 힘이 우주와 우주 안에서의 인간의 위치 및 목적이라는 가장 심오한 질문들을 탐구하도록 한다"는 존 템플턴 재단의 비전을 모범적으로 진척시킨 개인에게 영예를 수여한다. 프랜시스 콜린스는 2020년 수상자였다. https://www.templetonprize.org.

24 Francis S. Collins, *The Language of God* (New York: Free Press, 2006). 『신의 언어』(김영사 역간).

콜린스 외에 생물학자이자 저자인 케네스 밀러(Kenneth Miller, 『다윈의 하나님 발견하기』[Finding Darwin's God]와 『이론일 뿐』[Only a Theory])[25] 및 유전학자인 데니스 베네마(Dennis Venema)와 성서학자인 스캇 맥나이트(Scot McKnight, 『아담과 게놈』[Adam and the Genome])[26]는 유신 진화/진화적 창조론을 방어하는 베스트셀러 책들의 저자들이다.

과학적 증거

유신 진화/진화적 창조론은 우주와 생명에 관한 모든 과학적 증거를 수용한다. 자연 선택에 의한 진화와 모든 생명이 공통 조상으로부터 유래했다는 것이 모두 인정된다. 유신 진화/진화적 창조론의 옹호자들은 과학적 증거가 하나님에게서 나온 타당한 계시로서 창조의 **방법**과 **시기**를 이해하는 방법이라고 여긴다.[27] 과학적 증거는 하나님이 어떻게 자연 세상을 창조하고 지휘하고 유지하시는지에 관한 통찰력을 제공한다.

지구와 우주의 나이

유신 진화/진화적 창조론은 지구와 우주가 오래되었다는 과학적 증거를 받아들인다.

---

25 Kenneth R. Miller, *Finding Darwin's God*(New York: Cliff Street Books, 1999)과 *Only a Theory: Evolution and the Battle for America's Soul* (New York: Viking, 2008).

26 Dennis R. Venema and Scot McKnight, *Adam and the Genome* (Grand Rapids: Brazos Press, 2017). 『아담과 게놈』(새물결플러스 역간).

27 "What Is Evolutionary Creation?," Common Questions, BioLogos, https://biologos.org/common-questions/what-is-evolutionary-creation을 보라.

창조 주간

유신 진화/진화적 창조론자들은 하나님이 자연 세상의 창조주이자 최초의 원인이라고 단언한다. 창세기의 창조기사는 고대 근동의 창조 이야기들의 장르로 기록되었다. 이스라엘은 자기들 주위의 문화들에 보편적인 형식을 사용해서 자기들 버전의 이야기를 말하는데 하나님을 그 이야기에서 원인이자 중심으로 제시한다.

유신 진화/진화적 창조론자들은 창세기를 과학이나 문자적이고 역사적인 기사로 읽지 않고 신학으로 읽는다.

인간

유신 진화/진화적 창조론은 인간이 모든 생명과 공통 조상을 공유한다는 과학적 증거를 받아들인다. 신학적으로 유신 진화/진화적 창조론은 하나님이 인간에게 자신의 형상을 부여하셨고 인간과 독특한 관계를 맺으신다고 믿는다.

유신 진화/진화적 창조론자들은 아담과 하와가 실제의 역사적 인물인지에 관해 의견을 달리한다. 그러나 아담과 하와가 모든 인간의 유전적인 조상으로 받아들여지지는 않는다.

노아의 홍수

유신 진화/진화적 창조론자들은 세계적인 홍수, "홍수 지질학", 모든 생명(인간과 기타 생명)이 방주에 있던 소수의 후손이라는 것을 모두 거부한다.

많은 유신 진화/진화적 창조론자가 노아 이야기를 고대 근동/중동의 홍수 이야기들의 장르의 일부로 읽는다. 창조 이야기와 마찬가지로 노아

이야기는 유사한 문화의 이야기들의 맥락에서 읽히지만 하나님이 그 이
야기에서 중심인물이다. 노아의 홍수가 일정 지역의 역사적 사건이었는
지 신학적 메시지를 지닌 이야기인지 또는 양자의 조합인지에 관해 의견
을 달리한다.

신학

유신 진화/진화적 창조론자들은 자연신론자가 아니다. 그들의 대다수는
예수 그리스도의 부활을 포함하여 기적을 일으키시는, 활동적이시고 관
여하시는 하나님을 믿는다.

성경의 성격에 관한 유신 진화/진화적 창조론자들의 믿음은 광범위
하다. 비기독교 전통에서뿐만 아니라 개신교, 가톨릭, 정교회, 점점 더 많
은 복음주의 전통들에서 유신 진화/진화적 창조론자들이 발견된다.

일반적으로 성경은 신앙과 삶에 권위가 있는 것으로 여겨진다. 영감
개념에 관한 견해들은 다르지만 일반적으로 영감은 창세기에 대한 "고대
의 장르" 접근법과 모순되는 것으로 여겨지지 않는다.

유신 진화/진화적 창조론자들은 일반적으로 과학이 자연 세상에 대
한 설명에 국한된다고 믿는다.

누군가가 성경이 과학적 질문들에 대답한다고 주장하고 다른 사람은 과학이
하나님에 관한 질문에 대답한다고 주장할 경우 즉각적으로 충돌이 발생한다.
참여자들이 기독교와 과학은 일반적으로 아주 상이한 질문들을 다룬다는 점

을 잊기 때문에 많은 갈등이 일어난다.[28]

자연주의와 과학주의

주요 옹호자

자연주의는 자연적, 물질적 실재가 존재하는 모든 것이라는 철학 또는 세계관을 묘사하기 위해 사용되는 용어다. 즉 자연 너머의 아무것도 없고 아무것도 초자연적이지 않다고 주장된다.[29] 과학주의는 밀접한 관련이 있는 개념으로서 과학적 탐구가 다른 모든 형태의 탐구보다 낫다는 견해다.

제리 코인(Jerry Coyne)은 진화생물학자이자 베스트셀러 책『왜 진화가 사실인가』(*Why Evolution is True*, 2009)의 저자다. 코인의 2016년 베스트셀러『신앙 대 사실: 왜 과학과 종교가 양립할 수 없는가』(*Faith vs. Fact: Why Science and Religion are Incompatible*)는 과학계 너머의 독자들에게 코인을 소개했다. 코인은 거침없이 말한다. "과학과 종교는 충돌하기만 하는 것이 아니라(심지어 '전쟁'을 벌이고 있다) 세상을 보는 양립할 수 없는 방식을 대표하기도 한다."[30]

저명한 진화생물학자인 리처드 도킨스(『만들어진 신』[*The God Delusion*],

---

28 "Are Science and Christianity at War?," Common Questions, BioLogos, https://biologos. org/common-questions/are-science-and-christianity-at-war.

29 20세기 초부터 자연주의는 초자연에 대한 거부와 모든 것에 대한 설명으로서 과학이 우월하다는 주장으로 이해되었다. "Naturalism," *Stanford Encyclopedia of Philosophy*, rev. March 31, 2020, https://plato.stanford.edu/entries/naturalism/을 보라.

30 Jerry Coyne, "Yes, There Is a War Between Science and Religion," The Conversation, December 21, 2018, https://theconversation.com/yes-there-is-a-war-between-science-and-religion-108002.

2006)보다 맹렬한 현시대의 진화주의/과학주의 옹호자는 없다.[31] 도킨스는 신앙을 고백하는 과학자들이 가망 없이 일관성이 없고 과학적 방법에 진실하지 않다고 여긴다. "일단 신앙의 입장으로 들어가면 당신은 갑자기 당신의 자연적인 회의주의와 과학적인―참으로 과학적인―신빙성을 상실하게 된다."[32]

코인과 도킨스 모두 가차 없다. 그들에 따르면 종교와 과학은 완전히 반대되는 극단이다. 흥미롭게도 대다수 젊은 지구 창조론자들은 도킨스와 코인에게 동의한다. 즉 진화를 받아들이는 것은 기독교 신앙 및 성경에 대한 믿음과 양립할 수 없다고 여겨진다. 이 점에서 도킨스와 코인 및 켄햄은 있을 법하지 않은 동맹이다.

진영을 떠나는 것은 복잡할 수 있다

2013년 가을에 스코틀랜드의 이스트킬브라이드에서 그 지역의 어떤 복음주의 교회가 초등학생에게 학교 예배 프로그램의 일부로 종교 서적을 주었을 때 부모들은 격분했다. 그 교회의 젊은 사역자 중 한 명(미국인 선교사)의 페이스북 사진을 도용해서 해적 잭 스패로(Jack Sparrow)로 그린 그 지역의 어느 타블로이드판 신문은 격분한 공동체의 이야기를 실었다.[33] 그

---

31 Richard Dawkins, *The God Delusion* (New York: Houghton Mifflin, 2006). 『만들어진 신』(김영사 역간).

32 Dan Cray, "God vs. Science, Richard Dawkins and Francis Collins Interviewed by D. Cray," *Time International*, 2006.

33 Mark McGivern, "Parents' Outrage as Extremist US Religious Sect Hand Out Creationist Books and Preach to Kids at Scottish School," *Daily Record*, September 6, 2013, https://www.dailyrecord.co.uk/news/scottish-news/parents-outrage-extremist-religious-sect-2254926.

교회에 관한 이야기는 (타블로이드판 신문들이 그러는 경향이 있듯이) 상당히 과장되었으며 그 그룹을 무서운 미국의 사이비 종파로 그렸는데, 그 기사에서 그 사역자는 조니 데프(Johnny Depp) 같은 복장을 하고 어린아이들을 오도한다.

부모들을 화나게 한 책들은 『진화의 신화 드러내기』(*Exposing the Myth of Evolution*)와 『하나님이 실재로 존재한다는 것을 당신이 어떻게 아는가?』(*How Do You Know God Is Real?*)였다. 이스트킬브라이드 교회의 그 사역자는 "우리는 성경의 가르침을 믿는데 성경은 우리에게 진화가 신화라고 말해줍니다"라고 말하면서 그 책들을 옹호했다.

[성경의] 무오성 전통에 깊이 빠진 우리는 창조론자 진영에서 벗어나기 어렵다. 성경이 문자적으로 및 역사적으로 참이고 외관상의 모순이 설명될 수 있다면 진화는 기본적으로 거짓이다. 더 이상 말할 필요가 없다.

그러나 우리 중 가장 철저한 성경의 무오류성 신봉자들조차 성경이 몇몇 곳에서는 문자적으로 사실이 아니면서도 참일 수 있다고 생각한다. 신약성경의 비유들은 적절한 예다. 창조론자 진영에서 빠져 나오는 것은 성경을 버릴 것을 요구하지 않지만 창세기를 다른 방식으로 볼 것을 요구한다.

신약성서 학자인 톰 라이트(N. T. Wright)는 성경에 기록된 충돌 및 불일치들을 발견한 것이 자신을 성경에 대한 더 깊은 이해로 이끌었다고 말한다.

기독교 신앙에 관해서 및 성경에 관해서 참으로 재미있는 사항 중 하나는 말하자면 모든 세대가 그것을 새롭게 끝까지 씹어 먹도록 디자인된 것처럼 보인다는 것이다. 문화가 항상 변하기 때문에 우리 중 아무도 전에 이뤄진 것에 기초해서 살 수 없다. 언제나 그래왔다. 언어가 항상 변하고 있고 사람들이 압력을 느끼는 지점들이 항상 변하고 있다. 그런 일이 계속 되풀이된다. 이 점은 우리 세대에만 그런 것이 아니다. 모든 세대가 이것을 발견했고 사람들은 전에 있던 것들이 진부하게 보인다고 말한다.[34]

성경을 새롭게 "끝까지 씹어 먹는 것"은 참신한 21세기의 개념이 아니다. 하나님이 메시아 예수 안에서 하신 새로운 일에 비추어 사복음서 저자들과 바울은 이스라엘의 성서를 예수를 중심으로 초점을 다시 맞췄다.[35]

그렇다면 과학과 성경의 문자적 이해가 충돌할 때 어떻게 할 것인가? 대다수 그리스도인에게 성경을 버리는 것은 수용될 수 없다.

성경의 저자들은 모두 현대 과학이 존재하기 오래전에 살았다. 성경의 저자들은 그들 자신이 살았던 과학 이전의 시대와 과학 이전의 문화의 참된 구성원들이었고 과학 이전의 사람들에게 글을 썼다. 성경은 과학책이 아니기 때문에 우리가 창세기에서 발견하는 답들은 과학적이지 않다. 창세기가 고대의 눈으로 읽힐 때 우리는 현대 과학에 관해 배우는 것이 아니라 **하나님에 관해** 배운다.

> **성경의 저자들은 모두 현대 과학이 존재하기 오래전에 살았다.**

---

34 RJS, "Chew It Through Afresh", *Jesus Creed* (블로그), July 16, 2013, https://www.patheos.com/blogs/jesuscreed/2013/07/16/chew-it-through-afresh-rjs/.

35 피터 엔스(Peter Enns)는 그의 책 *The Bible Tells Me So*(New York: Harper Collins, 2014)에서 이 점을 깊이 있게 논한다. 『성경 너머로 성경 읽기』(새물결플러스 역간).

5장

당신의 집에
타임머신이 있을지도
모른다

그것은 영광스럽고 우연한 사고였다. 아노 펜지어스(Arno Penzias)와 로버트 윌슨(Robert Wilson)은 그들이 찾고 있지 않았던 것을 발견했지만 자기들이 뭔가 큰 것을 발견했다는 것을 알 만큼 충분히 영리했다.

그때는 1964년이었는데 전파천문학자인 펜지어스와 윌슨은 은하성단들에 의해 방출된 전파들을 분석하려고 했다. 뿔 모양의 6미터 크기 망원경이 초기 위성 통신 시스템에 사용되던 데서 해제되었고 펜지어스와 윌슨은 이 망원경을 그들의 연구에 사용할 수 있게 되었다.

하지만 한 가지 문제가 계속되었다. 망원경을 어느 방향으로 향하든지 그들은 항상 하늘의 모든 부분에서 고르게 나오는 잡음을 수신했다. 이 불가사의한 "잡음"은 마이크로파 복사였다. 그들은 있을 수 있는 잡음의 모든 원천을 하나씩 제외했다.

최종적으로 그들은 비둘기 한 쌍이 안테나 안에 둥지를 튼 것이 원인이라고 생각하게 되었다. 펜지어스와 윌슨은 그 수수께끼를 풀기 위한 마지막 시도로 비둘기들을 이주시키고 실험복을 입고 그 안테나를 세탁 솔로 문질러 비둘기의 배설물을 떼어냈다. 그래도 윙윙거리는 소리가 계속되었다. 하늘 전체에 고르게 퍼진 마이크로파 복사가 여전히 모든 방향으로부터 탐지되었다.

한편 프린스턴 대학교의 보브 디케(Bob Dicke)와 그의 연구팀은 우주의 시작에 대한 "빅뱅" 설명의 증거를 찾기 위해 노력하고 있었다. 디케는 새로 태어난 우주가 팽창함에 따라 방출된 복사열이 궁극적으로 식을 것이고 마이크로파로서 탐지되리라고 예측했다. 디케와 그의 팀은 그 복사를 찾으려고 했지만 그것을 발견하지 못했다.

그 잡음과는 무관한 통화를 하다가 펜지어스는 그 수수께끼 같은 잡음 문제를 디케와 상의하기로 결심했다. 펜지어스는 그 신비한 잡음, 즉 항상 하늘의 모든 부분에서 오는 고르게 분포된 마이크로파에 대해 설명했다. 디케는 전화기를 내려놓고 그의 팀원들에게 "여러분, 우리가 늦었습니다"라고 말했다.[1]

펜지어스와 윌슨은 우주에서 가장 오래된 복사를 발견했고 이로써 우주의 빅뱅 탄생의 증거를 발견했다. 이 복사는 우주 배경 복사(cosmic microwave background, CMB)로 불리는데 그것은 빅뱅이 있은 지 겨우 378,000년 뒤에 생겨났다. 펜지어스와 윌슨은 우주 배경 복사를 발견한 공로로 1978년 노벨 물리학상을 받았는데, 그 잡음이 비둘기의 배설물에 기인했더라면 그들이 이것을 발견하지 못했을 것이다.

케이블 TV와 10,000개의 TV 채널이 생기기 전에 아날로그 TV 세트에서 다이얼을 맞출 때 채널 "사이"에 눈보라 같은 잡음만 보이던 적이 있었다. 당신이 아직도 집에 아날로그 TV를 가지고 있다면 당신은 타임머신을 가지고 있는 셈이다. 그것을 잡음이 이는 채널에 맞춰두고 친구들을 초대해서 거의 140억 년 전에 일어난 사건을 목격하게 해 보라. 눈 같은 잡음의 1퍼센트는 당신의 TV에 잡힌 우주 배경 복사다![2]

---

1   Alaina G. Levine, "Holmdel Horn Antenna, Holmdel, New Jersey: The Large Horn Antenna and the Discovery of Cosmic Microwave Background Radiation," 미국 물리학회, 2009, https://www.aps.org/programs/outreach/history/historicsites/penziaswilson.cfm.
2   우주는 빅뱅에서 남은 배경 복사의 담요 안에 싸여 있다. NASA 웹사이트 https://www.nasa.gov/vision/universe/starsgalaxies/cobe_background.html을 보라. Karl Tate, "Cosmic

우주와 지구의 나이

창세기는 지구와 우주의 나이에 관해 아무것도 직접 말하지 않는다. 하지만 젊은 지구 창조론자들은 창세기에 기록된 계보들을 더하고 문자적으로 하루 24시간인 7일에 걸친 창조를 가정함으로써 우주와 지구의 나이를 모두 약 6,000년으로 추정하며 10,000년은 넘지 않는 것으로 본다.

우주의 시작에 대해 가장 널리 수용되는 과학적 설명은 빅뱅 이론이다. 간단히 말하자면 그 이론은 우주는 믿을 수 없을 정도로 작고, 믿을 수 없을 정도로 뜨겁고, 믿을 수 없을 정도로 밀도가 높은 하나의 점인 특이점(singularity)으로 시작했다고 진술한다. 우주는 이 한 점으로부터 138억 년 동안 팽창하고 확장했다.

1928년에 에드윈 허블(그 망원경은 그의 이름을 따서 명명되었다)은 뭔가 놀라운 것을 발견했다. 우주에 존재하는 사실상 모든 은하가 우리에게서 멀어지고 있다. 간단히 말해서 우주가 팽창하고 있다. 만일 우주가 팽창하고 있다면 과거에는 우주가 틀림없이 더 작았을 것이다. 그리고 우주는 무한하게 크지 않기 때문에 하나의 점에서 팽창이 시작된 시점이 있었을 것이다. 그것이 바로 "빅뱅"이다.

우리는 우주가 팽창하고 있다는 것을 안다. 하지만 그 팽창이 언제 시작되었는가? 우리가 우주와 지구의 나이를 어떻게 결정하는가?

사회과학에서뿐만 아니라 자연과학에서도 우리는 삼각측량

Microwave Background: Big Bang Relic Explained (Infographic)," Space.com, April 3, 2013, https://www.space.com/20330-cosmic-microwave-background-explained-infographic.html도 보라.

(triangulation)이라 불리는 과정을 사용하여 최선의 결론에 도달한다. 다른 방법들과 과정들을 사용해서 뭔가를 측정하는 복수의 방법들이 근사하거나 동일한 결론으로 수렴하면 우리는 그 결론을 신뢰한다. 우리는 삼각측량을 지니고 있다.

지구의 나이와 우주의 나이를 결정할 때 과학자들은 관련이 없는 복수의 접근법을 사용한다. 매우 전문적이고 수학에 의존하는 접근법도 있고 간단한 관측 기술을 채택하는 접근법도 있다. 모든 접근법이 지구와 우주가 오래되었다는 동일한 결론으로 수렴한다.

우주는 얼마나 오래되었는가? 우리가 그것을 어떻게 아는가?

우리가 빛의 속도를 알고 어떤 별이 지구에서 얼마나 멀리 떨어져 있는지를 안다면 우리는 빛이 그 별에서 지구까지 도달하는 데 걸리는 시간을 계산할 수 있다. 우리는 지구와 별들 사이의 거리부터 시작한다. 우리가 실제로 그 거리를 측정할 수 있지만 그것은 우주적인 자를 사용하는 것보다 좀 더 복잡한 수학을 필요로 한다. 삼각법이 개념적으로는 어렵지 않지만 그것에 관해 알고 싶으면 **구글**을 검색해 보라.

당신 앞에 있는 벽 위의 한 점을 고르라. 오른쪽 눈을 감았다가 왼쪽 눈을 감으라. 벽 위의 그 점이 움직이는 것처럼 보인다. 당신의 몸을 약간 왼쪽으로 움직였다가 약간 오른쪽으로 움직여도 같은 효과를 얻을 수 있다. 당신이 움직일 때 당신의 바로 앞에 있는 물체들과 훨씬 멀리 있는 물체들을 주목하라. 당신과 가장 가까이 있는 물체들은 더 멀리 있는 물체들보다 많이 움직이는 것처럼 보인다.

멀리 있는 물체는 가까이 있는 물체보다 덜 움직이는 것처럼 보이는 이 효과는 시차(parallax)로 불린다.[3] 지구가 태양 주위를 움직임에 따라 별들은 이동하는 것처럼 보인다. 우리는 1월에 별의 이동 각을 측정하고 7월에 다시 이동 각을 측정할 수 있다. 이 측정을 통해 우리는 삼각형을 그릴 수 있다. 지구가 태양 주위를 도는 궤도는 그 삼각형의 밑변이고 밑변 맞은편의 각도는 그 별이 1월과 7월 사이에 이동한 것으로 보이는 거리다.

바로 이 지점에서 당신이 고등학생 때 배운 삼각법이 활용된다. 그 삼각형의 높이를 재면 그것이 바로 지구에서 그 별까지의 거리다.

2013년 말에 태양 주위의 궤도에 발사된 유럽 우주국(European Space Agency)의 가이아(Gaia) 망원경은 이 각도를 믿을 수 없을 정도로 정확하게 측정할 수 있다. 가이아는 현재까지 가장 정확한 우리 은하의 3차원 지도를 우리에게 제공해 준다.[4]

우주의 제한 속도

우주에는 제한 속도가 있는데 그것은 초속 약 30만 킬로미터인 빛의 속도

---

3 다음 자료들을 보라. "How Do We Measure the Distance to Stars?," *Scientific American*, December 2, 2014, https://www.scientificamerican.com/video/how-do-we-measure-the-distance-to-s2013-08-06/; "Parallax and Distance Measurement," Las Cumbres Observatory 웹사이트, https://lco.global/spacebook/distance/parallax-and-distance-measurement/.

4 "Gaia," Science and Technology, European Space Agency, https://sci.esa.int/web/gaia/를 보라

다.[5] 아무것도 빛보다 빨리 이동하지 못한다.

태양은 지구에서 약 1억 5,000만 킬로미터 떨어져 있다. 따라서 태양 빛은 우리가 그것을 보기 전에 1억 5,000만 킬로미터를 이동해야 한다. 계산해보면 빛이 태양에서 지구까지 도달하려면 약 8분이 걸린다. 햇볕을 쬘 때 당신은 실제로는 8분 전을 뒤돌아보는 것이다. 만일 태양이 어두워진다고 하더라도 우리는 8분 동안 그것을 알지 못할 것이다. (태양이 아닌) 가장 가까운 별에서 나온 빛은 우리에게 도달하는 데 4.3년이 소요된다. 우리 은하수의 중앙에서 나온 빛은 우리에게 도달하는 데 8,500년이 소요된다. 그리고 당신이 안드로메다은하를 관찰할 때 당신은 그 은하의 230만 년 전 모습을 본다.

다른 별들은 상상할 수 없을 정도로 멀리 있는데 그런 먼 별들에서 나온 빛이 우리에게 도달하는 데 수십억 년이 걸릴 정도로 멀리 있다. 우주의 나이를 추정하는 한 가지 방법은 우리가 보는 먼 별들에서 나온 빛이 지구에 도달하는 데 얼마나 오래 걸리는지를 계산하는 것이다. 빛의 속도와 지금까지 알려진 가장 먼 물체들의 위치에 비추어 볼 때 우주의 나이는 138억 년이다.

5　전자레인지와 초콜릿을 사용해서 집에서 당신 스스로 빛의 속도를 측정해 보라! Colin Schultz, "There's an Easy (and Tasty) Way to Measure the Speed of Light at Home," *Smithsonian Magazine*, August 4, 2014, https://www.smithsonianmag.com/smart-news/theres-easy-and-tasty-way-measure-speed-light-home-180952245/.

우주는 팽창하고 있다

당신은 응급 차량의 사이렌 소리를 처음 들었을 때부터 그것이 당신을 지나 급히 달려갈 때까지 그 소리가 어떻게 변하는지 주목해본 적이 있는가? 사이렌이 당신에게 접근할 때 음파는 차량 앞에 모인다. "모인" 음파는 당신의 귀에 높고 날카롭게 들린다. 사이렌이 당신을 지나 멀어질 때는 음파가 퍼진다. 우리는 퍼진 음파를 저음으로 듣는다. 소리가 당신에게서 멀어질 때 이처럼 음조(주파수)가 명백히 변하는 현상을 도플러 효과라고 한다.[6] 경찰의 속도 측정기는 도플러 효과를 이용해서 차량의 속도를 측정한다.

빛의 파동(광파)도 같은 방식으로 행동한다. 별이 지구를 향해 움직일 때는 광파가 모두 그 별 앞에 모여 빛이 일반적인 수준보다 높은 주파수를 지닌다. 고주파수의 빛은 우리에게 푸른색으로 보인다. 우리에게서 멀어지는 별에서 나온 광파는 퍼져서 [일반적인 수준보다] 낮은 주파수를 지닌다. 저주파수의 빛은 우리에게 붉은색으로 보인다. 우리를 향해 움직이는 별들에서 나온 빛은 **청색 이동**(blue-shifted)이라고 불리고 우리에게서 멀어지는 별들에서 나온 빛은 **적색 이동**(red-shifted)이라고 불린다.

우주의 거의 모든 빛은 적색 이동 되어있다. 그리고 우리에게서 더 먼 곳에 있는 은하들은 우리에게 좀 더 가까운 은하들보다 더 적색 이동 되어 있다. 도플러 효과는 우리가 은하들이 얼마나 빠르게 우리에게서 멀어지

---

6   엑스플로러토리엄(Exploratorium) 박물관의 웹사이트에서 도플러 효과에 관한 다음 글을 읽어보라. Pearl Tesler, "Physics 101: Redshift and the Expanding Universe," https://www.exploratorium.edu/origins/hubble/tools/doppler.html.

고 있는지 알 수 있게 해 준다.

우주의 팽창률과 은하들 사이의 평균 거리를 알면 우리는 우주가 뜨겁고 조밀한 특이점이라는 시작점으로부터 지금까지 얼마나 오래 팽창해 오고 있는지 계산할 수 있다. 이 계산들을 사용해서 우주의 되감기 버튼을 누르면 우리는 특이점이 약 137억 7천만 년 전에 있었다는 것을 알 수 있다.[7]

지구는 얼마나 오래되었는가? 우리가 그것을 어떻게 아는가?

지구 나이 측정은 처음부터 매우 전문적으로 될 수 있다. 화학과 물리학에 길을 잃기 쉽고 세부사항들에서 포기하기 쉽다. 이런 방법들에 관해 알 필요가 있기는 하지만, 복잡한 화학이나 물리학이 불필요한 측정 방법들로 시작하기로 하자. 사실 그 방법들에는 복잡한 과학 도구들이 필요하지도 않다. 당신의 눈이 그 일을 상당히 잘 해낼 것이다.

나이테들

나무들은 해마다 나무껍질 아래 새로운 층을 만든다. 환경 상태에 따라 나무는 1년에 나이테를 두 개 만들거나 하나도 만들지 않을 수도 있지만 그 지역에 존재하는 여러 나무와 교차 점검하면 우리가 나무의 정확한 나이를 셀 수 있다. 우리는 목재에 존재하는 나이테를 시각적으로 관찰하고

---

7   NASA 웹사이트의 다음 글을 보라. "The Farthest Visible Reaches of Space," The Cosmic Distance Scale, Imagine the Universe, Goddard Space Flight Center, https://imagine.gsfc.nasa.gov/features/cosmic/farthest_info.html.

그것을 세서 나무의 나이를 결정할 수 있다. 시에라네바다산맥의 에인션트 브리슬콘 소나무 숲[8]에 있는 나무들은 이 세상에서 가장 오래된 나무들이다. 이 오래된 숲에 살아 있는 나무들은 4,800년에서 5,000년 된 나무들이다.

하지만 이 나무들은 어린 나무들이다.

브리슬콘 소나무들은 춥고 건조한 기후에서 자란다. 오래전에 죽어서 바닥에 쓰러져 있는 나무들은 수천 년 동안 상하지 않고 그대로 유지될 수 있다. 살아 있는 숲의 한가운데 누워 있는 죽은 나무들은 살아 있는 나무 나이의 거의 두 배인 10,000년 된 것들이다.

호수 바닥

호수 바닥에는 계절에 따라 퇴적물이 축적된다. 봄에는 광물 퇴적물이 쌓이고 가을에는 꽃가루와 식물 물질들이 쌓인다. 이렇게 축적된 층들(호상 점토층[varve]이라 불린다)을 세면 호수의 나이를 알아낼 수 있다.

일본의 스이게츠 호수(Lake Suigetsu)는 빙하로 덮인 적이 없고 격렬한 강물이 공급된 적이 없어서 퇴적물 표본을 취하기에 이상적인 장소다.[9] 퇴적물 층들은 바닥에 가라앉은 이후 비교적 교란되지 않고서 호수 바닥 위에 최초의 상태로 놓여 있다. 스이게츠 호수의 바닥에서 취한 원통형 표본

---

8 미국 산림청(United States Department of Agriculture Forest Service), "Ancient Bristlecone Pine Natural History," https://www.fs.usda.gov/detail/inyo/learning/nature-science/?cid=stelprdb5138621.

9 Michael Slezak, "Muddy Lake Bed Holds Radiocarbon 'Rosetta Stone,'" *New Scientist*, October 18, 2012, https://www.newscientist.com/article/dn22396-muddy-lake-bed-holds-radiocarbon-rosetta-stone/.

에 의하면 그 호수의 나이는 최소 60,000년으로 추정된다.

원통형 얼음 표본

빙상(ice sheet)들과 빙하들은 수년 동안 쌓인 눈으로부터 형성된다. 각각의 해에 내린 눈은 그 눈이 내린 해에 지구가 어떤 상태였는지를 말해준다. 먼지, 꽃가루, 재 같은 공기 중의 입자들이 얼음 속에 갇히며 심지어 기체들도 거품의 형태로 갇힐 수 있다. 각각의 층은 그것이 쌓인 해에 따라 독특하며 미립자들과 기체들의 조합이 약간씩 다르다. 이런 독특한 층들을 세어서 나이테의 경우에서처럼 얼음의 나이를 추정하는 데 사용할 수 있다.[10]

연구원들은 기후의 역사를 연구하기 위해 전 세계의 얼음 안으로 구멍을 뚫는다. 얼음 표본들이 헤집어지고 층들이 계수된다. 그린란드에서 취한 원통형 얼음 표본의 나이는 겨우 130,000년이다. 현재까지 가장 오래된 얼음 표본은 남극의 동쪽에서 취한 것으로서 그것의 나이는 800,000년이다.

누구나 새로운 목재의 나이테와 퇴적물들과 꽃가루들의 층을 셀 수 있다. 특수한 기술이나 장비가 필요하지 않다. 나이테, 호수 바닥, 원통형 얼음 표본을 시각적으로 관찰하여 계수하는 간단한 기술들을 사용해서 추정된 지구의 나이는 젊은 지구 창조론자들에 의해 제안된 6,000년을 훨

---

10 나사 기후 웹사이트에서 얼음 원통형 표본에 관한 다음 글을 읽어 보라. Jessica Stoller-Conrad, "Core Questions: An Introduction to Ice Cores," August 14, 2017, https://climate.nasa.gov/news/2616/core-questions-an-introduction-to-ice-cores/; "About Ice Cores," NSF Ice Core Facility, https://icecores.org/about-ice-cores도 읽어보라.

씬 초과한다.

방사성 연대 측정법

관측 데이터는 지구의 나이를 거의 100만 년까지 추정할 수 있게 해 주지만 다른 방법들은 암석들의 나이를 아주 먼 과거까지 추정할 수 있게 해 준다.

원자의 핵에는 양성자와 중성자라는 입자들이 있다. 대개는 원자 세계에서 모두가 만족하고 안정적이다. 그러나 때때로 원자가 불안정하고 자신의 핵에 존재하는 입자들의 일부를 떨쳐내는데 이것은 방사성 붕괴라고 불린다.[11]

방사성 원소가 입자들을 떨쳐냄에 따라 그것은 좀 더 안정적인 다른 원소로 바뀔 수 있다. 방사성 원소의 절반이 좀 더 안정적인 원소로 바뀌는 데 걸리는 시간은 그 방사성 원소의 **반감기**라고 불린다. 몇몇 방사성 원소들은 매우 빠르게 붕괴하며 몇 초 또는 며칠의 반감기를 가진다. 다른 방사성 원소들은 매우 천천히 붕괴하며 훨씬 긴 반감기를 가진다.

방사성 원소의 반감기를 알면 우리는 그 안에서 그 원소가 발견된 암석의 나이를 추정할 수 있다.

우라늄-238의 원소들은 불안정하다. 우라늄-238은 좀 더 안정적인 원소인 납-206으로 변할 때까지 입자들을 떨쳐낸다. 우라늄-238의 반감

---

11 방사성 붕괴에 관한 다음 문헌을 읽어보라. Paul Flowers, Edward J. Neth, William R. Robinson, PhD, Klaus Theopold, Richard Langley, *Chemistry: Atoms First 2e* (Houston, Texas: OpenStax, 2019), https://openstax.org/books/chemistry-atoms-first-2e/pages/20-3-radioactive-decay.

기는 엄청나게 긴 45억 년이다! 우라늄-238과 납-236을 함유한 암석의 연대를 추정하기 원하면 우리는 납-236에 대한 우라늄-238의 비율을 측정한다. 이 비율을 알면 우리는 "방사성 연대 측정법"을 사용해서 그 암석의 나이를 추정할 수 있다.

(현재까지) 지구에서 가장 오래된 암석은 호주 서부의 잭 힐스 지역에서 발견된 암석이다. 우라늄-납 방사성 연대 측정법을 사용해서 측정된 그 암석 안의 수정들은 거의 44억 년 된 것으로 밝혀졌다.[12] 흥미롭게도 달의 암석들은 동일한 방법을 사용해서 45억 년 된 것으로 추정되었다. 계산상의 작은 오류를 허용하더라도 지구는 오래되었으며 6,000년에서 10,000년이라는 기간을 훨씬 상회한다. 반감기가 약간 짧은 다른 원소들을 사용하는 방사성 연대 측정법은 연대측정 능력이 좀 더 제한되지만 그럼에도 지구가 10억 년보다 오래되었다고 알려준다.

자성

지구 내부의 깊은 곳에서 믿을 수 없을 정도로 뜨거운 액체 철이 외핵 주위를 출렁거리며 돌아다닌다. 용해된 철의 출렁거리는 움직임이 거대한 상상의 막대자석이 지구 내부에 있는 것처럼 자기장을 만들어낸다. 그리고 이 상상의 자석에는 실제 막대자석에서처럼 북극과 남극이 있는데 이로 말미암아 지구에 자기장이 만들어진다.

지구 내부의 용해된 철은 정지해 있는 것이 아니라 끊임없이 움직이

---

12 "Jack Hills Zircon: Scientists Discover Oldest-Known Fragment of Earth," *Sci-News.com*, February 24, 2014, http://www.sci-news.com/geology/science-jack-hills-zircon-oldest-known-fragment-earth-01779.html.

며 소용돌이치고 있다. 휙휙 움직이고 소용돌이칠 때마다 몇몇 철 원자들이 그것들 주위의 철 원자들로부터 반대쪽으로 튄다. 충분한 원자들이 반대쪽으로 튀면 상상의 막대자석이 뒤엎어지고 자석의 북극은 자석의 남극이 된다.

지구의 자기극들은 지구의 역사에서 수백 번 뒤엎어졌다. 우리가 그것을 어떻게 아는가? 지구의 자기장은 용암이 중앙 대서양 해령 양쪽—거기서 북아메리카 대륙판과 유럽 대륙판이 서서히 분리되고 있다—의 해저로 흐를 때 그것의 자성을 결정한다. 용암이 응결할 때 지구의 과거의 자성 기록이 암석에 새겨진다. 그 용암 기록은 20만 년에서 30만 년마다 극들이 뒤집힌다는 것을 말해준다. 때로는 그 기간이 좀 더 길다. 마지막 전환 이후 78,000년이 지났다. 위에서 말한 모든 것을 감안할 때 지구의 자기장은 최소 35억 년 되었는데 그것은 우리가 지금까지 발견한 가장 초기의 화석들의 나이와 대략적으로 같은 나이이다.[13]

---

13   Sarah Zielinski, "Earth's Magnetic Field Is at Least Four Billion Years Old," *Smithsonian Magazine*, July 30, 2015, https://www.smithsonianmag.com/science-nature/earths-magnetic-field-least-four-billion-years-old-180956114/; Nadia Drake, "No, We're Not All Doomed by Earth's Magnetic Field Flip," *National Geographic*, January 31, 2018, https://www.nationalgeographic.com/news/2018/01/earth-magnetic-field-flip-north-south-poles-science/; Lisa Grossman, "Earth's Magnetic Field is 3.5 Billion Years Old," *WIRED*, March 5, 2010, https://www.wired.com/2010/03/earths-magnetic-field-is-35-billion-years-old/; "2012: Magnetic Pole Reversal Happens All the (Geologic) Time," NASA, November 30, 2011, https://www.nasa.gov/topics/earth/features/2012-poleReversal.html.

왜 젊은 지구를 믿는가?

미국인의 40퍼센트는 젊은 지구 창조론자다.[14] 매주 교회에 출석하는 사람 중에서는 그 비율이 68퍼센트로 올라간다. 젊은 지구를 믿는 것은 언제나 진화를 믿지 않는 것과 결합한다. 진화를 받아들이는 사람 중에서는 젊은 지구 옹호자가 발견되지 않는다. 그 이유가 무엇일까?

가장 명백한 이유는 창세기의 문자적 해석에 대한 헌신이다. 문자적인 1주일의 창조 주간과 문자적인 하루 24시간이 창세기에 기록된 계보들의 문자적 계산과 결합하면 젊은 지구가 요구된다.

그러나 젊은 지구에 대한 더 큰 호소력은 진화에 대한 반대에서 나온다.

가장 열렬한 젊은 지구 창조론자들조차 종들이 환경상의 도전에 대응하기 위해—아주 조금—변한다는 데 동의한다. 창조론자들(젊은 지구 창조론자와 오래된 지구 창조론자들 모두)이 적응을 위한 작은 변화("소진화")를 받아들이지만 이 작은 변화들은 결코 새로운 종으로 귀결되지 않는다. 되새류는 부리의 변화에도 불구하고 여전히 조류이고, 개들은 외모상의 변이에도 불구하고 여전히 개이며, 말들은 크기상의 변이에도 불구하고 여전히 말이다. 창조론자들은(젊은 지구 창조론자든 오래된 지구 창조론자든) 한 종이 새롭고 다른 종을 낳는 "대진화"를 받아들이지 않는다.

찰스 다윈과 딥 타임이라는 그의 결정적인 개념을 들여와 보라. 다윈

---

14 Megan Brenan, "40% of Americans Believe in Creationism," *Gallup News*, July 26, 2019, https://news.gallup.com/poll/261680/americans-believe-creationism.aspx.

은 작고 점증하고 감지할 수 없는 변화에 시간을 추가했다. 그런 변화가 수없이 많이 되풀이된다. 수십억 년에 걸쳐서 말이다. 엄청난 딥 타임이다.

종이 순간적인 큰 사건들에서 갑자기 변하는 것이 아니다. 공룡 알에서 결코 현대의 새가 부화할 수 없다. 종들은 엄청난 딥 타임에 걸쳐 작은 변화들이 누적될 때 새로운 종을 낳는다. 소진화 사건들이 오랜 기간에 걸쳐 대진화를 낳는다.

2005년에 유명한 공룡 탐사자 잭 호너(Jack Horner)의 대학원 과정 학생이었던 메리 슈바이처(Mary Schweitzer)가 고생물학계를 경악시켰다. 슈바이처는 현대의 세포 생물학 기술을 사용해서 공룡 화석―6,800만 년 된 공룡 화석―에서 연조직(soft tissue)을 발견했다.

예측할 수 있는 바와 같이 고생물학자들은 회의적이었다. 연조직이 이렇게 오랜 시간이 지난 뒤에도 여전히 손상되지 않고 남아 있다고? 연조직이 화석화에도 불구하고 남아 있다고? 그것이 어떻게 가능한가?

하지만 창조론자들은 황홀했다. 여기에 드디어 젊은 지구에 대한 부인할 수 없는 증거가 제시되었다. 화석이 수백만 년에 걸쳐 형성되었다는 것은 무리한 주장이다. 암석이 수십억 년 되었다는 것은 무리한 주장이다. 여기에 (거의) 살아 있는 증거가 있다. 4,000년 전 노아의 홍수 때 묻힌 **티라노사우루스 렉스**의 부드럽고 유연한 조직 말이다. 창조론자들에게 있어서 공룡의 연조직은 현대의 방사성 암석 연대 측정법에 대한 타격이고 진화에 대한 치명타다. "암석들과 화석들이 수백만 년 된 것이 아니라면 진화 이론은 끝장났다."[15]

슈바이처의 최초의 발견 이후 슈바이처와 다른 연구원들에 의해 좀 더 많은 연조직이 추출되었다. 이 점이 가장 중요한데, 슈바이처와 다른 연구자들은 고대 화석들에서 연조직을 보존할 수 있는 몇 가지 프로세스들을 입증했다.[16] 슈바이처 박사는 최초로 연조직을 발견한 일로 창조론자들에게 영웅이 되었지만 창조론자들은 화석에서 연조직이 보존된다는 것을 보여주는 그녀의 모든 연구를 일축한다. 창조론자들이 슈바이처 박사의 연구를 약탈한 데 대해 자신을 "완전하고 전적인 그리스도인"이라고 묘사하는 슈바이처 본인이 가장 황당하게 여기고 있다.[17]

젊은 지구의 대가

나무, 호수, 원통형 얼음 표본에서 관측할 수 있는 증거는 지구의 나이를 거의 100만 년으로 추정한다. 여러 방면의 화학적 및 물리적 증거는 지구의 나이를 약 45억 년으로 추정하고 우주의 나이를 약 138억 년으로 추정한다. 지구와 우주가 실제로 젊다면(6,000년에서 10,000년 전에 형성되었다면) 다음 두 가지 중 하나가 반드시 사실이어야 한다.

---

15 Calvin Smith, "Dinosaur Soft Tissue," *Creation Ministries International*, February 28, 2019, https://creation.com/dinosaur-soft-tissue.

16 슈바이처의 연구에 관한 간략하고 이해하기 쉬운 요약은 Stated Clearly에서 만든 다음 비디오를 보라. "Soft Tissue Found Inside a Dinosaur Bone!," September 19, 2017, https://youtu.be/bSaOS7erEOk.

17 Helen Fields, "Dinosaur Shocker," *Smithsonian Magazine*, May 2006, https://www.smithsonianmag.com/science-nature/dinosaur-shocker-115306469/.

1. 증거가 오해되고 잘못 해석된다.

과학자들이 성경을 사용해서 데이터를 해석한다면 그들은 지구와 우주가 젊다고 결론을 내릴 것이다.

2. 아담과 하와가 성인으로 창조되었듯이 지구와 우주가 "완전히 성장한" 상태로 창조되었다. 빛, 암석, 얼음, 나무, 호수 바닥들이 모두 오래된 것처럼 보이도록 창조되었다.

젊은 지구와 우주의 대가는 무엇인가? 젊은 우주와 젊은 지구를 주장하는 것은 한 방면의 증거만 무시하는 것이 아니라 여러 방면의 증거를 무시하는 처사다. 젊은 우주와 젊은 지구를 주장하는 것은 다소 복잡한 화학과 물리학을 무시하는 처사일 뿐만 아니라 나무, 호수, 얼음에서 명확하게 관측되는 증거도 무시하는 처사다.

> 젊은 우주와 젊은 지구를 주장하는 것은 한 방면의 증거만
> 무시하는 것이 아니라 여러 방면의 증거를 무시하는 처사다.

젊은 우주와 젊은 지구를 주장하려면 현대 과학에서 나이 결정 외의 다른 목적에 일상적으로 사용되는 화학적 원리와 물리적 원리를 무시해야 한다. 항공학과 우주여행 및 현대 공학의 모든 영역에서 물리학과 화학 및 수학을 신뢰하면서 바로 그 과학이 우리에게 지구와 우주의 나이를 말해 줄 때는 그것을 불신하는 것이 합리적인가?

젊은 지구를 주장하려면 과학의 증거를 무시해야 할 뿐만 아니라 고고학에서 나온 증거도 일축해야 한다. 중동에는 10,000년 전에 식물들과

동물들을 길들인 인간 정착지에 관한 증거가 있다. 일본에는 12,000년 된 도자기가 있다. 유럽에는 35,000년 된 예술품이 있다. 관측 가능한 인간의 역사는 [젊은 지구 창조론자들이 주장하는 지구 나이인] 6,000년을 훌쩍 넘는다.[18]

젊은 지구를 주장하는 것은 화석 기록, 현대의 자연과학, 고고학 모두를 일거에 믿을 수 없는 것으로 치부하는 처사다.

---

18 Francis B. Harrold, "Past Imperfect: Scientific Creationism and Prehistoric Archeology," *Creation/Evolution Journal* 10, no. 1, (Summer 1990), https://ncse.ngo/past-imperfect-scientific-creationism-and-prehistoric-archeology.

6장

비가 온다.

비가 쏟아진다.

캐니언이 형성된다

노아의 홍수가 그것을 다 설명한다

그것은 틀림없이 대단한 광경이었을 것이다. 그 일은 1872년 런던에서 일어났다. 대영 박물관의 깊은 곳에 처박혀 있던 큐레이터 조지 스미스(George Smith)는 연구하다가 갑자기 뛰어올라 "와"하고 외치며 실내를 뛰어다녔다.

그리고 하의 속옷만 남기고 옷을 벗어 던져서 그의 동료들을 경악시켰다.

조지 스미스는 기원전 7세기의 것으로 추정되는 고대 아시리아의 서판을 번역하고 있었다. 그는 고대의 서판에서 한 사람과 파괴적인 홍수에 관한 이야기를 발견했다. 그 사람은 신들에게 미리 경고를 받아 큰 배를 만들고 그 배에 동물들과 자기 가족을 태웠다. 그 이야기의 뒤에 그는 비둘기 한 마리와 까마귀 한 마리를 보내 땅이 말랐는지 점검했다.

이 이야기의 모든 것은 창세기에 앞선다.

스미스가 발견한 그 내러티브는 그 배를 만든 영웅의 이름을 따서 「길가메시 서사시」로 알려지게 되었다. 그것은 이례적인 발견이었고 세계에서 가장 오래된 문학 작품 중 하나로 남아 있다.[1]

---

1 Francisco Del Rio Sanchez, "Discovering Gilgamesh, the World's First Action Hero," *National Geographic*, https://www.nationalgeographic.com/history/magazine/2018/01-02/history-gilgamesh-epic-discovery/를 보라; David Damrosch, "Epic Hero," *Smithsonian Magazine*, https://www.smithsonianmag.com/history/epic-hero-153362976/도 보라.

둥근 방주

2014년에 새로 해독된 4,000년 된 바빌로니아의 설형문자(쐐기문자) 서판이 대영 박물관에 전시되었다.[2] 그 서판은 휴대 전화기 크기의 조각난 밀가루 비스킷처럼 보였다. 그것은 어떤 사람이 자신의 부친이 제2차 세계 대전 후 중동에서 입수한 것을 대영 박물관에 기증한 것이었다.

새 서판의 번역자인 어빙 핀켈(Irving Finkle)은 그 서판 역시 홍수 이야기를 포함하고 있음을 발견했다. 그것은 길가메시 이야기와 창세기 기사보다 상당히 앞선 시기의 것이었다. 핀켈은 동물을 모으라는 지시가 스미스의 이야기에서 발견된 지시보다 좀 더 기술적("둘씩")인 것을 발견하고서 기뻤다. 하지만 가장 놀라운 점은 배에 대한 상세한 묘사였다. 그것은 밧줄로 만들어진 거대한 **둥근** 배였다.

핀켈은 그 배의 설계를 고대 이라크에서 수상 택시로 사용된 배인 커다란 **코러클**(coracle)로 적시했다. 둥근 코러클은 홍수의 격류 위를 떠다니기에 완벽하게 설계되었다.

지구물리학자인 윌리엄 라이언(William Ryan)과 월터 피트만(Walter Pitman)은 약 7,500년 전에 중동에서 재앙적인 거대한 홍수가 일어났다는 증거를 문서로 보고했다.[3] 빙하기에 이어 해수면이 상승하자 지중해가 범

---

2 Irving Finkel, "Was the Ark Round? A Babylonian Description Discovered," *The British Museum Blog*, January 24, 2014, https://blog.britishmuseum.org/was-the-ark-round-a-babylonian-description-discovered/; Oriental Institute, *The Ark before Noah: A Great Adventure*, July 20, 2016, https://youtu.be/s_fkpZSnz2I에 실린 어빙 핀켈의 제시도 보라.

3 William Ryan and Walter Pitman, *Noah's Flood: The Scientific Discoveries about the Event That Changed History* (New York: Simon & Shuster, 1998).

람하여 흑해 분지에 범람했다고 암시하는 증거가 있다. 추정에 따르면 물이 이 경로를 통해 나이아가라 폭포보다 강한 힘으로 흘러서 수면이 날마다 15센티미터씩 상승했을 수도 있다.

메소포타미아에는 기원전 2,900년에 재앙적인 홍수가 발생했다는 다른 많은 기록이 있다.[4] 그 지역에서 관측할 수 있는 홍수 퇴적물은 이런 기사들과 일치한다. 그렇다면 이스라엘을 포함한 그 지역의 고대 문화의 집단적 기억에서 홍수 이야기를 발견하는 것이 놀랄 일이 아니다.

> 그렇다면 이스라엘을 포함한 그 지역의 고대 문화의 집단적 기억에서
> 홍수 이야기를 발견하는 것이 놀랄 일이 아니다.

홍수 지질학

많은 그리스도인이 창세기보다 오래된 홍수 이야기들이 발견된 것을 불편하게 생각한다. 당신의 성경 해석이 노아 이야기가 원래의 홍수 이야기일 것을 요구할 경우 고대의 다른 이야기들이 마음을 좀 더 산란하게 할 수도 있다.

당신의 성경 해석이 지질학과 화석들을 설명하기 위해 문자적으로 세계적인 홍수를 요구할 경우 사정이 좀 더 복잡해질 수도 있다.

---

4   David MacDonald, "The Flood: Mesopotamian Archaeological Evidence," *Creation/Evolution Journal* 8, no. 2 (Spring 1988), https://ncse.ngo/flood-mesopotamian-archaeological-evidence.

현대의 지질학과 화석 연구는 18세기 말에 시작되었다. 이 발견들은 전문적인 과학자들에 의해 이뤄진 것이 아니고 부유한 신사인 박물학자들과 그다지 부유하지 않은 다른 사람들에 의해 독립적으로 이뤄졌다. 대개 이런 서민 과학자들은 독실한 신앙인이었다.

20세기에는 근본주의자들을 포함한 많은 그리스도인이 "점진적" 창조론과 함께 오래된 지구를 받아들였다. 하지만 19세기에 접어들어서 일부 그리스도인들이 특히 최근에 출간된 다윈의 연구에 비추어 생물이 오랜 기간에 걸쳐 변화했다는 지질학적 증거가 점점 많아지는 것을 불편하게 생각했다. 창세기를 지질학적 증거와 조화시키려는 최초의 시도는 1902년에 제칠일 안식일 예수재림교회의 교사 조지 맥크리디 프라이스 (George Macready Price)에게서 나왔다. 제칠일 안식일 예수재림교회 창립자 엘런 G. 화이트(Ellen G. White)가 보고한 환상에 영감을 받은 프라이스는 "홍수 지질학"이라는 어구를 만들었다. 프라이스에 따르면 지구의 다양한 지질학적 지형과 퇴적된 화석들은 창세기에 묘사된 대로의 세계적인 노아의 홍수를 통해 설명된다.

프라이스의 주장은 20세기의 대부분 동안 창조론자들 사이에서조차 대체로 무시되었다. 1961년에 신학생 존 휘트컴(John Whitcomb)과 엔지니어 헨리 모리스(Henry Morris)가 『창세기 홍수』(*The Genesis Flood*)[5]라는 책을 출간해서 프라이스의 아이디어들의 많은 부분을 고쳐 말하고 화석 퇴적물에 관한 그들 자신의 독특한 의견들을 덧붙였다. 『창세기 홍수』는 좀 더

---

5   John C. Whitcomb and Henry M. Morris, *The Genesis Flood* (Phillipsburg: P&R Publishing, 1961).

넓은 복음주의 진영과 근본주의 진영에 퍼졌고 현대의 젊은 지구 창조론 운동을 확립했다.[6] 『창세기의 홍수』 발행의 여파로 몇몇 창조론자 단체, 두뇌 집단, 출판사들이 설립되었다.

홍수 지질학은 21세기에도 여전히 살아 있다.[7] 젊은 지구 창조론 진영의 많은 사람이 지구의 복잡한 지질학적 역사를 노아의 홍수에 돌린다. 문자적이고 세계적인 홍수가 대륙 이동부터 그랜드캐니언, 화석층, 공룡의 멸종의 원인으로 지목된다.

그랜드캐니언은 홍수 지질학 옹호자들에게 대표적인 사례다. 홍수 지질학자들에 따르면 그랜드캐니언은 격렬한 홍수 물의 결과로 급속하게 형성되었고 이어서 수천 년 동안 콜로라도강에 의해 추가로 침식되었다. 홍수 지질학자들은 화석을 함유한 퇴적물들이 노아의 홍수의 1년 동안 그랜드캐니언과 전 세계의 나머지 지역에 쌓였다고 믿는다.

널리 보급된 영화(2017) "창세기는 역사인가?"(*Is Genesis History?*)[8]에서 그랜드캐니언이 전면에 부각된다. 그것은 아름다운 영화다. 그 영화는 그랜드캐니언에서 많은 현장 촬영을 했고 그랜드캐니언이 재앙적인 세계적 홍수를 통해 형성되었음을 강조한다. 진행자 델 타케트(Del Tackett, Focus on the Family)는 도브잔스키의 유명한 인용구("진화에 비추어 보지 않고서는 생

---

6 Lynn Mitchell and Kirk Blackard, *Reconciling the Bible and Science: A Primer on the Two Books of God* (Charleston: BookSurge Publishing, 2009), 112-13.

7 Carol Hill, Greg Davidson, Tim Helble, and Wayne Ranney, eds., *The Grand Canyon: Monument to an Ancient Earth* (Grand Rapids: Kregel Publications, 2016), 21-29. 『그랜드 캐니언, 오래된 지구의 기념비』(새물결플러스 역간).

8 *Is Genesis History?* https://www.imdb.com/title/tt6360332/; https://www.youtube.com/channel/UCzjPwFPxtpZTJ1dq7cAkb3g/featured에 게시된 그 영화의 잘린 장면들도 보라.

물학에서 아무것도 말이 되지 않는다")를 비틀어서 그랜드캐니언의 복잡한 지질학을 요약한다.[9] "창세기에 비추어 보지 않고서는 이 세상의 아무것도 말이 되지 않는다."[10]

그 영화는 지질학자, 생물학자, 목사를 포함하여 다양한 분야 출신의 강사 17명을 출연시킨다. 각각의 연사는 자세한 설명이 없이 곧바로 그랜드캐니언이 4,000년보다 오래되었다는 모든 자료를 일축한다. 모든 강사는 그 캐니언이 격렬하게 휩쓸다 물러간 홍수 물에 의해 격변적으로 갑자기 형성되었다는 데 동의한다. 몇몇 지점에서 홍수에 의한 형성과 모순되는 증거가 언급되지만 각각의 언급은 즉각적으로 부정된다. 과학과 그 영화 제작자의 창세기 해석이 충돌할 경우 창세기에 승리가 주어진다. 한 강사는 지구의 나이에 관한 증거를 "성경의 주장이자 나 자신의 경험"이라고 말한다.

그랜드캐니언의 증거

지질학적 증거는 그랜드캐니언의 형성에 관해 뭐라고 암시하는가?

나는 여러 해 동안 대학교에서 초등 교육 전공자들에게 "어떻게 과학을 가르칠 것인가?" 과정을 가르쳤다. 토양 수업에서 우리는 유리 항아리를 절반은 흙으로 채우고 절반은 물로 채웠다. 그다음에 우리는 그 항아리

---

9 테오도시우스 도브잔스키의 유명한 인용구인 "진화에 비추어 보지 않고서는 생물학에서 아무것도 말이 되지 않는다"는 *The American Biology Teacher*, 35:3 (March 1973), 125-29에 발표한 그의 1973년 논문의 제목이다; https://online.ucpress.edu/abt/article/35/3/125/9833/Nothing-in-Biology-Makes-Sense-except-in-the-Light.

10 *Is Genesis History?* (Del Tackett, 1:39:16에서 인용함), https://youtu.be/UM82qxxskZE.

가 초콜릿 우유처럼 보일 때까지 그것을 세게 흔들었다. 그 혼합물이 한두 시간 동안 가라앉게 한 후 우리가 관찰한 내용은 다음과 같았다. 좀 더 무거운 돌들이 맨 먼저 가라앉았고, 좀 더 고운 모래가 그다음에 가라앉았고, 좀 더 고운 실트(silt)가 그 뒤를 따르고, 마지막으로 가장 고운 점토가 가라앉는다.

지질학에서 이 현상은 상향 세립화(fining upward)로 불린다. 홍수 물이 물러갈 때 우리는 홍수 물에 의해 쌓인 토양의 층들에서 "상향 세립화" 순서를 관찰한다. 즉 바닥에는 입자가 조악한 층들이 나타나고 꼭대기로 갈수록 입자가 점점 더 고와진다.

한 번의 재앙적인 홍수―한 번의 급류의 쇄도―가 그랜드캐니언 같은 지구의 지질학적 모습을 새긴 원인이라면 우리는 어떤 것을 보리라고 예상할 수 있는가? 우리는 쇄도하는 물이 물러가고 토양이 가라앉은 후 무엇을 보리라고 예상할 수 있는가? 우리는 조악한 층들을 캐니언의 바닥에서 보고 꼭대기로 갈수록 점점 더 고운 층들을 보리라고 예상할 것이다.

그러나 우리가 관측하는 실제 모습은 그렇지 않다. 그랜드캐니언의 퇴적물은 고운 층, 조악한 층, 고운 층, 조악한 층이 반복적으로 계속 교대한다. 교대하는 층들 중 일부는 다른 층들보다 크다. 그리고 우리가 큰 홍수 뒤에 진흙층을 보리라고 예상하는 그랜드캐니언의 윗부분에는 그런 층이 존재하지 않는다. 그 캐니언의 윗부분은 이암(mudstone)이 아니라 홍수 퇴적물에서 관측된 적이 없는 점토암(shale), 사암(sandstone)과 석회암(limestone) 층들이다. 그랜드캐니언에 있는 암석들은 방대한 시간에 걸쳐 여러 번의 퇴적이 이뤄졌고 그 중간에 여러 번의 침식이 있었다는 것을 증거한다.

더구나 그랜드캐니언에 있는 모든 퇴적물이 평평한 수평층으로 놓여 있는 것은 아니다. 여러 지역에서 우리는 뒤틀리고 갈라지고 단층이 진 층들을 목격하는데 이는 다른 종류의 힘들이 오랜 시간에 걸쳐 암석을 밀고, 당기고, 암석에 압력을 가한 역사를 증거한다. 홍수 지질학자들은 그랜드캐니언의 형성 시간 틀을 노아의 홍수가 일어난 해 또는 홍수 기간 중으로 제한하기 때문에 그들은 이 증거를 거부한다. 대신 홍수 지질학자들은 암석의 변형의 원인을 홍수에 의해 새롭게 쌓인 부드러운 퇴적물의 접힘(습곡)에 돌린다.

암석의 변형이 홍수 지질학자들이 주장하는 것처럼 습곡이 진 부드러운 퇴적물의 결과라면 우리가 오늘날의 캐니언에서 무엇을 보리라고 예상할 수 있는가? 새로 퇴적된 퇴적물은 물을 많이 함유하고 있다. 새로 퇴적된 홍수 퇴적물 층들은 모든 것이 고요하고 정지되어 있는 한 분리된 채로 유지된다. 하지만 습곡이 시작되자마자 수분이 많은 퇴적층은 튀고, 흐르고, 서로 섞임에 따라 일관성을 상실한다. 실제로 부드러운 퇴적물의 변형이 일어났는데도 뚜렷한 외관을 가지고 있는 사례들이 존재하기는 한다.[11] 그러나 그랜드캐니언에서는 이런 유형의 암석이 발견되지 않는다.

그랜드캐니언의 암석에는 또한 진흙 건열(mud cracks), 빗방울 자국, 물결 자국이 보존되어 있다. 그랜드캐니언의 퇴적물들은 확실히 간헐적으로 오랫동안 공기나 얕은 물에 노출되었다. 만일 그랜드캐니언이 일 년 동안의 상승하는 홍수 물에 의해 형성되었다면 이런 일은 발생할 수 없다.

---

11 Carol Hill et al., *The Grand Canyon: Monument to an Ancient Earth* (Grand Rapids, MI: Kregel Publications, 2016), 127.

이제 여러 층의 석회암을 감안하면 그랜드캐니언이 세계적인 홍수를 통해 형성되었다는 설명은 심각한 문제에 봉착한다. 석회암은 대개 연체동물이 살다가 죽어서 껍데기 조각들과 골격 잔해를 남기는 얕은 바닷물에서 형성된다. 그랜드캐니언에 있는 가장 큰 절벽 전면은 석회암으로 이루어져 있다. 세계적으로 얕은 바닷물에서 석회암이 형성되는 많은 예가 있다. 석회암은 격렬한 홍수 물에서 형성되지 않는다.

그랜드캐니언을 넘어서

홍수 지질학의 설명은 그랜드캐니언을 훨씬 넘어선다. 홍수 지질학은 40일 동안의 격변과 강우 및 이후 몇 개월 동안의 후퇴하는 물이 지구의 표면을 깎고 화석들을 포함한 전체 퇴적 기록을 남겨 놓았다고 말한다.

지질학적 증거는 뭐라고 말하는가?

화석화된 사막들

영국에서 동쪽으로는 유럽을 가로질러 러시아까지 이르고 서쪽으로는 그린란드와 북극의 북동부 해안에 이르는 지역은 구 적색 사암(Old Red Sandstone)으로 불리는 지질층이다. 그 지층의 외양은 알아보지 못할 수 없다. 구 적색 사암층은 화석화된 사구(sand dune)들로 구성된다. 북아메리카에는 자이언 국립공원(Zion National Park), 레드 클립스 데저트 리저브(Red Cliffs Desert Reserve), 그랜드캐니언의 코코니노 사암(Coconino Sandstone)에

돌이 된 아름다운 사구들이 있다.[12]

돌이 된 고대의 사구들은 새롭게 쌓인 모래의 점증하는 무게에 기인하는 압력과 지하수에 들어있는 용해된 광물이 교결된(cementing) 효과가 결합한 결과물이다. 몇몇 사구들은 고대의 서식 동물의 증거—무척추동물의 생흔, 굴, 파충류의 발자국—를 보존하고 있다. 구 적색 사암층에는 현대의 사구에서 흔히 발견되는 특징인 사층리(cross-bedding) 층들과 모래가 달라붙은 자갈들이 함유되어 있고 다른 유형의 퇴적물은 없는 사구들이 수백 제곱킬로미터에 걸쳐 펼쳐져 있다.

사구들이 급류 아래에서 형성되었다면 우리가 어떤 모습을 보리라고 예상할 수 있는가? 우리가 보존된 작은 생물들의 흔적을 보리라고 예상하겠는가? 우리가 바람에 의해 형성된 층에 독특한 연속된 사구들과 모래가 달라붙은 자갈을 보리라고 예상하겠는가? 우리가 화석화된 사구에서 보는 모든 것은 그것들이 건조한 사막 환경에서 형성되었다고 말해준다.

소금 퇴적물

지구상에는 거대한 소금층(salt bed)이 많이 있는데 그중에는 두께가 수백 미터나 되는 것도 있다. 우리는 소금층이 어떻게 형성되는지 안다. 우리는 유타주의 보네빌 소금 평원(Bonneville Salt Flats)에 있는 것처럼 지금도 커

---

12 "Sand Dunes to Sandstone," https://www.nps.gov/zion/learn/nature/sand-dunes-sandstone. htm에서 자이언 국립 공원의 화석화된 사구들의 아름다운 사진을 보라. 레드 클리프 데저트 리저브에 있는 사구 사진은 Kenyon Virchow, "A Lesson in Geology: Utah's Petrified Sand Dunes," KÜHL, April 10, 2017, https://www.kuhl.com/borninthemountains/utah-petrified-sand-dunes를 보라

지고 있는 소금층을 관찰할 수 있다.[13] 소금층은 소금물이 증발할 때 형성된다.

홍수 지질학자들은 전 세계에서 발견되는 거대한 소금층이 노아의 홍수 후에 물이 증발함으로써 형성되었다고 주장한다. 이 설명에는 부자연스러운 문제가 있다. 소금층들은 수백 미터의 퇴적물로 덮여 있는데, 이것 역시 홍수에 의해 남겨졌다고 한다.

문제는 다음과 같다. 홍수 물이 1년 동안 방대한 양의 소금을 만들 정도로 충분히 증발해야 하고 그러면서도 소금 위에 수백 미터의 퇴적물을 쌓을 정도로 여전히 막대한 양의 물이 있어야 한다.

화석들

만일 실제로 세계적인 홍수가 있었다면 어떤 증거가 존재할 것인가? 지구 전체에 수십억 개의 죽은 생물들이 물에 의해 가라앉아 암석층에 묻혀 있을 것이다. 그리고 당신도 알다시피 우리는 바로 그것을 보고 있다![14]

조지 맥크리디 프라이스는 최초로 세계적인 홍수가 화석층들을 만들었다고 주장한 인물이었다. 휘트컴과 모리스 및 그들의 저서 『창세기 홍수』는 그 아이디어를 취해서 그것을 좀 더 자세하게 전개했다.

만일 세계적인 홍수가 오늘날 우리가 보고 있는 화석층들을 만들었

---

13 Bonneville Salt Flats, Utah.com, https://utah.com/bonneville-salt-flats.

14 Ken Ham, "Billions of Dead Things," https://answersingenesis.org/media/audio/answers-with-ken-ham/volume-137/billions-of-dead-things/.

다면 이런 층들은 어떻게 보이겠는가?

대륙들을 갈라놓고 이동시킬 수 있을 정도로 세찬 물은 방주에 타지 못한 불운한 동물들뿐만 아니라 전에 죽은 동물들의 사체까지 휘저어 거대한 하나의 걸쭉한 혼합물을 만들었을 것이다. 간단한 조류(藻類)부터 커다란 나무 및 중간의 식물까지 모든 것이 어지러이 잘린 모든 종류의 식물들도 있을 것이다. 화석 기록에 어떤 질서정연함도 없을 것이다. 대신 한 주걱의 [초콜릿 아이스크림과 견과류, 마시멜로 등을 혼합하여 만든] 로키 로드 아이스크림과 비슷한 고고학적 혼합물이 존재할 것이다.

하지만 화석층들은 그런 모습이 아니다. 가장 오래된 암석들에는 단순한 박테리아 뭉치들만 존재한다. 아주 오래된 암석들에서는 연체동물들과 최초의 식물들의 증거가 발견된다. 가장 오래된 암석부터 가장 새로운 암석의 순서대로 우리는 삼엽충, 어류, 최초의 네발 동물, 그리고 궁극적으로 공룡의 순서로 생명체들이 전개되는 것을 발견한다. 더 뒤에 우리는 매머드와 다른 포유류들과 인간을 발견한다. 현화식물(꽃이 피는 식물)들은 가장 새로운 암석들에서 발견되지만 좀 더 오래된 암석들에서는 발견되지 않는다.

창조론에서 세계적인 홍수가 왜 그로록 중요한가?

첫 번째이자 가장 명백한 답변은 문자적 성경 해석에 대한 헌신이다. 성경 무오설 신봉자들에게 노아의 홍수와 방주는 세부사항과 시간 틀 모두의 측면에서 문자적인 역사다. 그러나 그 헌신은 표면적인 문자주의보다 좀 더 깊다.

에베레스트산 꼭대기부터 마리아나 해구의 밑바닥까지 지구의 지각은 누대에 걸친 역동적인 힘들의 작용을 증언한다. 지각은 지구 행성의 가장 얇은 층으로서 지구 총질량의 0.5퍼센트도 차지하지 않는다. 그러나 지각은 얼마나 엄청난 역사를 드러내는가! 대륙판들은 떠다니고 움직이며 서로 부딪힌다. 대륙들이 충돌한 여파로 산맥들이 솟아오른다. 지각이 용해된 용암과 가스의 이동을 허용하는 곳에서 화산들이 폭발한다. 엄청난 열과 압력이 암석의 유형을 변화시킨다. 가장 깊은 층들에 있던 암석들이 휘저어져 표면으로 올라온다. 빙하들이 지각의 표면 위로 미끄러져 호수 바닥을 도려낸다. 그리고 물, 풍화, 침식에 의해 잘려서 그랜드캐니언 같은 장엄한 지형이 형태를 잡는다.

시간은 젊은 지구 창조론에 큰 문제다. 융기되고 이동하고 도려내진 지각에 필요한 방대한 시간의 문제는 **격변설**(catastrophism)을 통해 답변된다.[15] 격변설에 따르면 지구 지각의 모습들은 누대의 시간에 대한 증언이 아니라 격변적인 사건, 특히 세계적인 범위의 노아의 홍수의 결과다. 격변설은 그랜드캐니언뿐만 아니라 거의 모든 지질학적 지형의 원인을 세계적인 홍수에 돌린다.

현대의 격변설은 억수 같은 비와 세계적인 범람을 훨씬 넘어간다. 지하의 수역들이 지구의 지각을 통해 분출한다. 대륙들이 갈라지고 충돌한다. 전체 산맥들이 떠다니며 부딪힌다. 바다 밑바닥이 갈가리 찢긴다. 그리고 이 모든 파괴가 40일 동안에 일어나 지질학적 시간 틀의 문제를 해결한다.

---

15 "Catastrophism," Answers in Genesis, https://answersingenesis.org/geology/catastrophism/.

창조론에서는 문자적인 성경 해석과 단기간에 지질학적 지형이 형성된 것을 설명하기 위해 노아의 홍수가 중요하다. 그러나 창조론에서 노아의 홍수의 의의는 창세기의 문자적 해석과 격변적인 그랜드캐니언 형성보다 훨씬 더 심오하다. 노아의 홍수는 모든 문제 중 가장 큰 문제인 진화를 해결한다.

만일 노아의 홍수가 방대한 화석 기록을 설명한다면 화석들은 여러 누대에 걸친 딥 타임 동안 형성된 것이 아니다. 화석들이 모든 생물이 일괄적으로 갑자기 죽은 것을 나타낸다면 우리는 화석 기록에서 진화를 추론해낼 수 없다. 노아의 홍수가 화석들을 만들어냈다면 암석에 오랜 시간에 걸친 변화의 기록이 없는 셈이다. 노아의 홍수는 진화에 반대하는 내러티브에 핵심적이다.

> 화석들은 여러 시대에 걸친 생명의 진화를 대표하는 것이 아니라 실제로는 같은 시대에 생명이 멸망했고 그것들의 실제 지역적 "순서들"은 그것들이 매장될 때 살고 있던 곳의 생태 공동체에 의해 결정되었다.[16]

홍수가 화석들을 만들지 않았다면 우리에게 진화의 증거가 없다.

운명의 장난으로 켄 햄의 켄터키 아크 인카운터는 신시내티 아치(Cincinnati Arch)로 알려진 유명한 오르도비스기 지질층의 꼭대기에 위치

---

16 Henry M. Morris, "Why Christians Should Believe in a Global Flood," Institute for Creation Research, August 1, 1988, https://www.icr.org/article/why-christians-should-believe-global-flood.

한다.[17] 신시내티 아치는 수백 개의 곱고 얇은 점판암과 석회암층들에 섬세한 화석들이 가득한 것으로 유명한데 그것들은 방해받지 않은 생전의 자세로 고운 실트와 진흙에 묻혀 있다. 산호 화석들은 여러 해의 성장 띠들을 보여주는데 이는 그것들이 한 장소에서 오랫동안 성장한 증거다. 그 방주 박물관 밑의 암석층들에 존재하는 화석들의 파노라마는 격변적이고 사나운 홍수 물로 생긴 결과일 수 없다.

그럼에도 화석들이 홍수의 결과라는 설명이 지속된다. 우리는 다음 장에서 화석들과 홍수에 대해 좀 더 자세히 살펴볼 것이다.

---

17 Donald R. Prothero, *Evolution: What the Fossils Say and Why It Matters* (New York: Columbia University Press, 2017), 66-67.

Baby Dinosaurs
on the Ark?

7장

홍수와 화석 기록

빅토리아 여왕 시대의 사람들은 진기한 물건을 좋아했다. 그들은 특히 박제된 동물들을 좋아했다. 사실 우리가 자연사 박물관들에서 보는 진열품 중 많은 것들이 동물 보호 단체가 생기기 전에 동물들이 취미로 박제되고 수집되었던 시기의 인공물들이다. 하지만 아마추어 박제사인 월터 포터 (Walter Potter)[1]는 타의 추종을 불허했다. 포터는 빅토리아 시대의 별난 생각과 그 시대에 죽음을 매혹적으로 생각하던 풍조를 독특하게 결합해서 수작업으로 학교 건물에서 열심히 일하는 토끼, 다과 모임에 간 새끼 고양이, 카드놀이를 하는 다람쥐, 고양이 결혼식(나는 이것을 가장 좋아한다) 같은 것들을 만들었다.

빅토리아 시대 사람들은 자연으로부터 나온 다른 물건들을 수집하는 것도 좋아했다. 그들은 이런 물건들을 "진기한 물건"(curiosities)이라고 불렀다. 빅토리아 시대 사람들은 종종 자기들의 진기한 물건들을 캐비닛("진기한 물건 캐비닛")이나 자기 집의 특실에 진열했다.

영국의 도싯 카운티 소재 해변 휴양지인 라임 레지스(Lyme Regis)는 해변에서 휴가를 보낼 수 있는 충분한 돈이 있는 사람들에게 인기 있는 휴가 장소였다. 빅토리아 시대 사람들은 이 진기한 화석들을 어떻게 설명해야 할지 몰라서 그들 자신의 설명을 만들어냈다.

---

1   Kate Carter, "The Curious World of Walter Potter—in Pictures," *The Guardian*, September 13, 2013, https://www.theguardian.com/lifeandstyle/gallery/2013/sep/13/curious-world-walter-potter-pictures-taxidermist-victorian.

- 화석화된 척추동물들은 "베테베리즈"(verteberries) 또는 "악어의 이빨"이라고 불렸다.
- 아름다운 암모나이트들(멸종한 연체동물)은 "뱀 돌"(snakestones 또는 serpent stones)이라고 불렸다
- 현대의 오징어와 비슷한, 멸종한 연체동물들은 "악마의 손가락들" 또는 "성 베드로의 손가락들"이라고 불렸다.

"천사들의 날개들"과 "악마의 발톱들" 및 더 많은 설명이 있었다. 빅토리아 시대 사람들은 그것들이 무엇인지 몰랐지만 그 신비를 사랑했고 그것들을 수집하기를 좋아했다.

뼈 소녀

리처드 애닝(Richard Anning)은 19세기 초 레지스의 가난한 캐비닛 제작자였다. 가족을 부양하기 위해 끝없이 애썼던 그는 화석들을 모아서 팔았다. 그는 자기의 가게 앞에 작은 탁자를 두고서 휴양객들에게 진기한 물건, 작은 화석, 조개껍데기 등을 팔았다. 절벽에서 화석을 찾고 캐내는 것은 위험한 작업일 수 있었지만 그가 화석을 탐사할 때 그의 어린 두 자녀가 종종 그를 따라가곤 했다. 그는 심지어 그의 어린 딸 메리를 화석 탐사자가 되게 하기까지 했다. 메리가 겨우 열한 살이었을 때 그녀의 부친이 절벽에서 떨어진 후 폐병으로 사망했다. 어린아이들이 있는 그 가족은 궁핍해졌다.

그녀의 부친이 사망한 후 머지않아 그녀의 남자 형제가 눈동자 주위에 골판(bony plate) 고리가 있는 두개골을 발견했다. 그들은 그것이 악어라

고 생각했다. 하지만 영국에 악어가 있었다고? 1년 뒤 열두 살 난 메리는 한 무리의 남자들을 이끌고 그 골격을 파냈다. 그것은 거의 완벽하게 보존된, 약 5미터 길이의 파충류였다. 그것은 악어가 **아니었다.** 그것은 지느러미 같은 사지(limbs)와 유선형 몸을 가진 해양 파충류인 2억 년 된 어룡(ichthyosaur)이었다.

갓 시작된 지질학과 고생물학 분야의 과학자들이 종종 라임 레지스에 왔었지만 그 원시 어룡 화석의 발견으로 그 분야의 몇몇 스타들이 10대인 메리를 찾아왔다. 메리는 (그때까지 발견된 최초의 두 표본을 포함하여) 목이 긴 수장룡(plesiosaur), 더 많은 어룡, 오징어 비슷한 두족류(cephalopod), 고대의 불가사리, 고대의 어류 등 더 많은 화석들을 발견했다. 그녀는 영국에서 발견된 최초의 익룡(pterosaur, 날아다니는 파충류)도 발견했다.

쥐라기(약 2억 600만-1억 4,400만 년 전)에 라임 레지스는 생명으로 가득한 광대한 얕은 바다에 잠겨 있어서 대형 포식성 해양 파충류와 해안을 따라서 사는 익룡들의 향연장이었다. 평생 라임 레지스 외부로 한 번밖에 나가보지 않은 메리는 올바른 장소에 있었던 똑똑한 여성이었다.

그러나 계급을 의식하는 빅토리아 여왕 시대의 영국에서 그녀는 가난했다. 그녀는 여성이었고 그것도 미혼 여성이었다. 그녀는 공식 교육을 별로 받지 않았다. 그녀는 자신이 발견한 것들을 박물관과 수집가들에게 팔았기 때문에 과학자로 여겨지지 않았다. 그녀는 "장사하는" 사람이었다. 메리는 신앙심이 독실한 종교인이었지만 생애의 대부분 동안 존경을 받는 영국 국교회가 아닌 "반대자" 교회(개신교)에 속했다. 그녀는 결혼하지 않지만 그녀의 모친을 부양했고 자신이 화석을 탐사할 때 동행했던 작은 개에게 헌신했다. 슬프게도 그 작은 개는 메리를 아슬아슬하게 지나

친 낙석 사고로 죽었다.

　메리는 공식적인 학교 교육은 별로 받지 않았지만 무식하지 않았다. 그녀는 자신의 분야, 특히 비교 해부학에 관해 책을 읽고 독학했다. 그녀는 고생물학 분야의 초기 선도자들에게 존경을 받았지만 그들은 결코 그 발견물들의 이름을 메리의 이름을 따라 짓지 않았다. 1835년 영국과학협회는 그녀의 업적을 인정해서 소박한 평생 연금 수령 자격을 부여했다. 당시에 여성은 고등교육을 받을 것으로 기대되지 않았고 과학자가 되리라고는 훨씬 더 기대되지 않았기 때문에 그 업적은 당시로서는 대단한 것이었다. 메리는 12년 뒤 유방암으로 47세에 사망했다.

　런던 자연사 박물관에는 높고 넓은 창들이 있는, 숨이 멎을 듯이 햇빛이 강렬한 갤러리 홀이 있다. 홀 양쪽은 바닥부터 천장까지 영국에서 발견된 화석화된 해양 파충류들―어룡, 수장룡 등―로 가득 차 있다. 갤러리에서 가장 정교한 몇몇 화석들의 명판에서 당신은 "메리 애닝"의 이름을 반복적으로 볼 것이다. 박물관 안내인이 메리로 분장하고 박물관 관람객들을 안내한다. "이 세상에 존재했던 가장 위대한 화석 학자"를 소개합니다.[2]

　당신은 메리 애닝에 관해 들어보았는가? 아마 들어보지 못했을 것이다. 하지만 나는 당신이 다음과 같은 말을 들어보았을 것이라고 확신한다.

　　그녀는 해변에서 조개껍데기를 팔아(She sells seashells on the seashore).

---

[2]　메리 애닝에 관해 추가로 읽고 그녀의 놀라운 발견물들을 보라. Marie-Claire Eylott, "Mary Anning: The Unsung Hero of Fossil Discovery," Natural History Museum, https://www.nhm.ac.uk/discover/mary-anning-unsung-hero.html.

그녀가 파는 껍데기들은 조개껍데기들이야, 나는 확신할 수 있어(The shells she sells are seashells, I'm sure).

만일 그녀가 바닷가에서 조개껍데기를 판다면(For if she sells seashells on the seashore)

나는 그녀가 조개껍데기를 판다는 것을 확신하지(Then I'm sure she sells seashore shells).

아이들의 이 빨리 말하기 놀이 내용은 메리 애닝에 관한 것이다!

메리는 자신이 생각할 수 있었던 것보다 훨씬 심오한 과학의 기로에서 있었다. 메리 애닝의 시대의 과학자들은 딥 타임—천 년 단위가 아니라 십억 년 단위로 측정된 시간—을 이해할 수 없었다. 지질학은 새로운 분야였다. 과학자들은 지구 행성을 형성한 힘들을 막 이해하기 시작하고 있었다. 고생물학은 더 새로웠다. 메리가 태어났을 때 공룡은 아직 발견되지 않았다. 공룡들(Dinosaurs)은 하나의 집단으로 분류되지 않았고 메리가 사망하기 몇 년 전까지 **디노사우리아**(*Dinosauria*)로 불렸다.

소수의 박물학자들(생물학자들이 당시에는 그렇게 불렸다)이 생명이 오랜 기간에 걸쳐 변화되었을 수도 있다는 가능성을 고려했지만 가정된 지구의 나이에 비추어 볼 때 그런 변화를 짜 맞출 길이 없었다. 메리는 찰스 다윈이 무대에 등장하기 전에 살았고, 연구했고, 죽었다. 그녀와 찰스 다윈이 동시대 인물은 아니었지만 다윈은 메리가 사망한 지 10년 뒤에야 『종의 기원』(*On the Origin of Species*)을 발간했다.

진기한 물건 가게 앞 테이블 위에 진열된 작고 예쁜 조개껍데기들은 아무도 위협하지 않았다. 화석화된 작은 해양 동물들은 신기했다. 하지만 그다지 위협적이지는 않았다. 휴양객들은 그것들과 그 신비를 좋아했다. 그것들을 약용으로 쓸 수 있는가? 그것들은 죄인들이 돌로 변한 것인가? 그러나 암석 깊이 묻힌 화석화된 거대한 해양 파충류들은 위협적이었다.

이 생물들은 지구가 누군가가 상상했던 것보다 훨씬 오래된 고대에 형성되었음을 암시했다. 그리고 확실히 지구상의 생명은 과거에는 아주 달랐다. 메리가 계속 표본들을 발견함에 따라 창조와 창세기의 의미에 관한 기존의 믿음에 대한 도전이 점점 더 강해졌다. 그것은 불가피했다. 시간은 헤아릴 수 없을 정도로 깊었다. 지구상의 생명은 변했다. 빅토리아 시대 사람들은 진기한 화석을 좋아했지만 더 이상 그 함의를 무시할 수 없었다.

> 이 생물들은 지구가 누군가가 상상했던 것보다
> 훨씬 오래된 고대에 형성되었음을 암시했다.

암석들은 한 가지 이야기를 말해준다

당신의 성경 해석이 모든 종류의 생물이 6,000년에서 10,000년 전에 특별히 창조되었을 것을 요구한다면 당신은 화석 기록의 함의들에 어려움을 느낄지도 모른다. 당신이 오래된 지구 창조론자이고 특별한 창조가 오랜 기간에 걸쳐 일어났다고 믿을지라도 당신은 화석 기록에 나타난 생명의 순서에 어려움을 느낄지도 모른다. 그리고 당신이 화석층들은 격변적인 세계적 홍수의 결과라고 믿는다면 과학의 증거가 특히 도전적일 수 있다.

젊은 지구 창조론과 오래된 지구 창조론 모두 화석 기록이 창세기에 기록된 창조의 순서에 도전한다는 것을 인정한다. "공룡 화석을 함유한 층에서 왜 인간 화석이 없는가?"와 같은 질문이 제기될 때 문제가 발생한다. 예를 들어 가장 오래된 암석층들에는 왜 화석이 없거나 간단한 미생물의 증거만 보이는지를 설명하려고 할 때 복잡한 문제들이 발생한다.

무슨 문제이든 간에 창조론자들은 그 안에서 화석들이 발견된 암석의 나이를 측정함으로써 화석들의 나이를 측정하는 관행에 대해 그들이 붙인 이름인 "자연주의적 지구사"를 노골적으로 거부한다. 창세기에 기록된 창조 순서는 자연주의적인 역사와 충돌하며 그 충돌은 극복될 수 없다.

창조론자의 대다수는 성경에 기반을 둔 지구사의 지질학적 틀을 활용하고 다른 모든 틀을 배제함으로써 충돌을 해결한다. 창조론자들 사이에서 "성경에 기반을 둔" 틀이 "자연주의적인" 관찰내용을 어느 정도까지 고려할 수 있는지에 관해 의견이 일치하지 않는 지점이 있지만 그 틀은 창세기로 시작한다. 폴 테일러(Paul F. Taylor)는 그것을 "(우리는) 관찰된 사실들을 성경의 '안경'을 통해 설명한다. 성경은 영감을 받았지만 우리의 과학 모델들은 영감을 받지 않았다"라고 표현한다.[3]

그렇다면 창조론자들은 성경이라는 "안경"을 이용해서 화석 기록을 어떻게 설명하는가? 창조론자들은 화석 중 일부는 홍수 전에 퇴적되었고 일부는 홍수 후에 퇴적되었지만 우리가 화석 기록에서 발견하는 증거의 대다수는 세계적인 노아의 홍수의 결과라고 설명한다. 『창세기 홍수』(*The*

---

3   Paul F. Taylor, "How Did the Animals Spread Over the World from Where the Ark Landed?," Answers in Genesis, October 17, 2014, https://answersingenesis.org/animal-behavior/migration/how-did-animals-spread-from-where-ark-landed/.

Genesis Flood, 1961)[4]는 세계적인 홍수 물에 의한 수압 분류(hydraulic sorting) 개념을 들여왔다. 이 설명에 따르면 연체동물의 무거운 껍데기들이 맨 먼저 묻혔고 그다음에 어류가 묻혔으며 그 후에 양서류, 파충류, 공룡 같은 "발달한" 동물들이 묻혔고 마지막으로 가장 발달한 동물인 포유류들이 묻혔는데 그것들은 차오르는 홍수 물에서 살아남기 위해 가장 높은 지점들로 올라갔다. 진정한 승자는 안전한 곳으로 날아간 새들이었는데 그것들도 궁극적으로는 죽게 되었다.

21세기의 창조론자들은 홍수에 의한 분류 설명을 확장해서 체중과 이동성 외에 동물의 행태와 지능을 포함시킨다. 해양 무척추동물은 무겁고 느리기 때문에 가장 이른 화석층들에서 발견된다. 어류는 좀 더 이동성이 있기 때문에 해양 무척추동물 위의 암석층들에서 발견된다. 다른 동물들은 그것들이 행태 면에서 얼마나 "유연한가"에 따라 다른 층들에서 발견된다. 가장 지능이 낮은 양서류가 먼저 발견되고 이어서 파충류와 조류가 발견되고 마지막으로 포유류가 발견된다. 가장 지능이 높은 생물들은 높은 곳으로 올라갔고 궁극적으로 거기서 죽었다. 그래서 창조론자들은 지능이 높은 인간이 가장 새로운 암석층, 즉 "꼭대기 층"에서 발견되는 것에 놀라지 않는다.[5]

---

4 John C. Whitcomb and Henry M. Morris, *The Genesis Flood* (Phillipsburg: P&R Publishing, 1961).

5 Andrew A. Snelling, "Where Are All the Human Fossils?," Answers in Genesis, December 1, 1991, https://answersingenesis.org/fossils/fossil-record/where-are-all-the-human-fossils/; "Doesn't the Order of Fossils in the Rock Record Favor Long Ages?," Answers in Genesis, February 25, 2014, https://answersingenesis.org/fossils/fossil-record/doesnt-order-of-fossils-in-rock-favor-long-ages/.

수압에 의한 것이든 행태에 의한 것이든 간에 화석층들에 대한 "분류" 설명이 합리적으로 보이는가? 우리가 실제로 바닥에는 가장 무겁고 지능이 낮은 동물이 위치하고 꼭대기에는 가장 가볍고 빠르고 영리한 동물이 위치하도록 분류된 동물 층들을 발견하는가?

생물들이 화석 기록에 특수한 양상으로 나타난다는 것은 사실이다. 화석을 함유하는 가장 오래된 암석들에서는 세포핵이 없는 단순한 단세포 생물인 남세균(cyanobacteria)이 발견된다. 그 위층에서는 세포핵이 있는 단세포 생물이 발견된다. 시간상으로 점점 더 위층으로 올라가면 최초의 다세포 생물이 발견되고, 이어서 머리가 있는 생물이 발견되며, 그다음에 사지가 있는 생물이 발견되고 좀 더 젊은 몇몇 암석들에서는 인간이 발견된다.

하지만 화석 기록에서 점점 더 복잡한 신체 형태가 **최초로 나타나지만** 덜 복잡한 형태가 사라지지 않는다는 점이 중요하다. 화석 기록에서 연체동물이 나타난 후 그것들의 후손들이 이후의 층들에서 계속 나타난다. 어류와 네발 동물과 인간이 화석 기록에 나타난 후 그것들은 이후의 층들에서 계속 나타난다.

하지만 화석 기록의 각각의 암석층에서 모든 종류의 생명이 나타나지는 **않는다.** 최초로 어류가 나타난 층들에서 다리가 있는 동물들은 발견되지 않는다. 다세포 생물이 최초로 나타나는 층들이나 네발 동물들이 최초로 나타나는 층들 또는 공룡이 나타나는 층들과 가까운 층들에서는 인간이 나타나지 않는다. 이것이 대륙들을 갈라놓고 지구상의 모든 생물을 **동시에** 죽인 격변적인 사건에서 비롯된 홍수 퇴적물에서 당신이 발견하리라고 예상하는 양상인가?

배들랜즈 국립공원(Badlands National Park)은 세계에서 척추동물 화석을 가장 풍부하게 함유하고 있는 지역 중 하나다.[6] 이곳에는 오랜 지질학적 시대에 걸친 많은 암석층이 노출되어 있다. 그 층서의 밑바닥에서는 연체동물인 암모나이트와 대합조개가 발견된다. 여기까지는 "무겁고 느리며 그다지 똑똑하지 않은" 동물이 가장 먼저 발견된다는 설명도 일리가 있다. 다음 층에서는 거대한 코뿔소 같은 브론토테리움류(brontotheres)를 포함하는 참으로 인상적인 몇몇 포유류가 발견된다. 이 층 위에서는 다람쥐, 토끼, 다른 소형 설치류, 발가락이 세 개인 작은 말들의 집단뿐만 아니라 좀 더 크고 빠른 포유류(사슴 비슷한 동물들과 영양 비슷한 동물들)가 발견된다.

이 지점에서 좀 더 영리하고 좀 더 빠른 동물이 뒤에 나타난다는 아이디어가 무너지기 시작한다.[7] 확실히 소형 포유류는 다리가 긴 가장 높은 층들에서 발견되는 브론토테리움류보다 더 빨리 안전한 높은 땅에 도달할 수 있다. 그러나 놀랍게도 가장 높은 층들에서 발견되는 압도적인 동물집단은 민물 거북이들이다. 거북이들이 설치류보다 빠르고 동작이 빠른 다리 긴 포유류보다 빠르며 산토끼보다 빠르단 말인가! 아이소포스가 자기의 우화에 대해 자랑스러워했을 것이다.

메리 애닝이 라임 레지스 층에서 암모나이트(크고 무거운 껍데기가 있는 연체동물), 사경룡과 어룡 같은 크고 빠른 포식자, 어류, 불가사리, **날아**

---

6 미국 국립공원 관리청 웹사이트에서 사우스다코타주 배들랜즈 국립공원에서 발견된 화석들에 관한 좀 더 자세한 내용을 읽어보라. https://www.nps.gov/badl/index.htm.

7 Donald R. Prothero, *Evolution: What the Fossils Say and Why It Matters* (New York: Columbia University Press, 2017), 67-68.

다니는 파충류(익룡) 모두를 발견했음을 상기하라. "무겁고 느리며 그다지 똑똑하지 않은" 동물이 가장 먼저 물에 빠져 죽은 반면에 좀 더 똑똑하고 좀 더 빠른 동물이 최후의 순간까지 피했다면, 이것이 우리가 라임 레지스와 배들랜즈와 지구상의 여러 다른 지층들에서 보리라고 예상하는 바인가?

가장 똑똑하고 가장 기민한 인간은 어떤가? 인간은 가장 새로운 암석층들에서만 발견된다. 창조론자들은 이 사실을 인식한다. 그들에 따르면 가장 똑똑할 뿐만 아니라 빠른 인간은 가장 나중에 죽을 것이다. 전 세계의 인구 중 (방주에 탄 여덟 명을 제외하고) 느린 사람은 아무도 없었는가? 혹은 나이 든 사람은 없었는가? 또는 부상당한 사람은 없었는가? 잠자고 있던 사람은 없었는가? 모든 사람이 동작이 빠른 성인이었는가? 아이들은 없었는가? 가장 새로운 층들이 나올 때까지 어떤 인간도 나타나지 않는다. 한 명도 말이다.

동물들만 1년 동안의 세계적인 홍수의 영향을 받지는 않았을 것이다. 식물들은 그 그림의 어디에 들어맞는가? 화석 기록에서 동물들이 일정한 양상으로 나타나듯이 식물들의 화석 기록도 일관성 있는 양상을 드러낸다.

오늘날 지구상에서 가장 많은 식물은 현화식물과 열매 맺는 식물과 속씨식물들이다. 속씨식물들은 매우 다양하다. 그것들은 교목, 관목, 풀, 선인장, 농작물을 포함한다. 하지만 속씨식물들은 풍부하지만 가장 늦게 나타난 식물들이다. 속씨식물들은 지질학적으로 말하자면 상당히 젊은 암석들에 들어 있는 화석 기록에서 최초로 나타난다. 좀 더 오래된 암석들에 초기 속씨식물의 특징을 보이는 몇몇 화석(꽃가루, 꽃과 비슷한 구조)이 나타나기는 하지만 알아볼 수 있는 속씨식물들은 6,600만 년에서 1억 년 전까지는 대량으로 나타나지 않는다.

화석 기록에 식물들이 나타나기 전에는 조류(algae)만 나타난다. 최초의 육지 식물들(4억 4,500만 년 전)은 단순한 식물들—이끼류와 우산이끼류—이었고 그 후에 관다발 식물이 나타난다(4억 3,000만 년 전). 그 후 2억 년에서 3억 년 동안 관다발 식물은 신체의 형태, 재생산 양태, 환경 면에서 다양해졌다. 먼저 간단한 직립 식물들이 나타나고 이어서 양치류와 속새류가 나타나는데 속새류 중에는 교목만큼이나 큰 것도 있다. 공룡의 시대에는 꽃이 피지 않는 씨 맺는 식물, 즉 소나무처럼 씨앗들이 솔방울에 노출된 식물에 의해 지배되었다. 그리고 마지막으로 현화식물들이 나타난다.

격류로 노출된 모든 땅이 덮인 세계적인 홍수 후에 우리는 어떤 종류의 식물층을 볼 것으로 예상하는가? 우리는 식물의 구성 요소들이 조화를 이루지 않으리라고 예상할 것이다. 즉 잎, 줄기, 꽃, 뿌리들이 적절한 자리에 붙어 있는 것이 아니라 문자적으로 갈가리 찢겨 뒤범벅되리라고 예상할 것이다. 우리는 온전한 식물을 거의 보지 못하리라고 예상할 것이다. 우리는 확실히 가장 오래된 층들에는 식물들이 전혀 없고 이후의 층들에서 복잡성과 다양성이 증가하는 이야기가 펼쳐지리라고 예상하지 않을 것이다.

창세기는 특별히 열매를 맺는 나무들이 셋째 날 창조되었다고 말하지만 이런 화석들은 가장 새롭고 가장 위쪽에 있는 층들에서만 발견된다. 창조론 문헌은 식물 화석 기록이나 바다가 범람하여 바닷물로 지구 표면을 덮은 후 육지 식물들이 생존한 것을 좀처럼 다루지 않는다. 동물 화석들에 대한 "분류" 설명에 비하면 식물들의 "분류"에 관해서는 언급되는 내용이 거의 없다. 나는 케네스 밀러가 "식물들이 잘하는 일이 많지만 홍수 기간 중 높은 곳으로 달아나기는 식물들이 잘하는 일 중 하나가 아니다"라고 말한 것을 좋아한다.[8]

카약을 탄 캥거루

홍수에 빠져 죽지 않은 동물들, 즉 방주에 실려서 구원받은 쌍들은 어떠한가? 창세기의 문자적 이해는 무엇을 요구하는가? 방주에서 구원받은 운좋은 소수만 지구에 다시 퍼졌다. 각각의 쌍은 모종의 방법으로 중동의 어느 산꼭대기에서부터 지구의 먼 곳까지 가야 했는데 이는 참으로 벅찬 재정착 프로젝트였을 것이다. 노아의 홍수 이후 동물들이 전 세계로 흩어진 것은 이동상의 벅찬 과제다.

오스트레일리아 대륙은 확실히 특별한 난제다. 오스트레일리아는 멀리 떨어져 있고 다른 대륙들로부터 격리되어 있으며 사방이 인도양으로 둘러싸여 있다. 게다가 오스트레일리아는 지구상의 다른 곳에서는 발견되지 않는 기묘한 여러 포유류 동물들의 고향이다.

살아 있는 지구상의 모든 포유류는 세 가지 주요 그룹 중 하나에 속한다. 세 그룹 중 가장 많고 널리 퍼져 있으며 잘 알려진 그룹은 태반 포유류다. 태반 포유류의 새끼들은 어미의 태 안에서 배아 발달을 마친다. 모든 포유동물과 마찬가지로 태반 포유류의 어미는 새끼들을 위해 젖을 낸다.

유대 포유류에게도 태반이 있지만 그것들은 배아 발달의 극히 초기

---

8 Kenneth R. Miller, *Finding Darwin's God* (New York: Cliff Street Books, 1999), 61.

에 태어난다. 태어난 후 덜 발달된 작은 유대 포유류 새끼는 육아낭, 즉 주머니 안으로 들어간다. 새끼들은 그곳에서 어미의 젖꼭지에 매달려 젖을 먹고 발달을 마친다. 우리에게 익숙한 유대류 동물로는 캥거루와 코알라가 있다.

단공류는 세 번째 포유류 그룹으로서 가장 규모가 작고 가장 별난 그룹이다. 단공류는 알을 낳는다! 단공류도 젖을 분비하지만 젖꼭지는 없다. 새끼들은 어미의 털에서 젖을 핥아 먹는다. 오리 부리 모양의 입을 가진 오리너구리와 바늘두더지가 단공류다.

오스트레일리아에는 유대 포유류가 압도적으로 많다. 오스트레일리아는 캥거루와 코알라 외에도 웜뱃, 유대하늘다람쥐, 태즈매이니아 데빌과 수백 종의 다른 유대류 동물의 고향이다. 오스트레일리아 밖에서는 남아메리카와 북아메리카의 주머니쥐가 유일한 유대 포유류다. 더욱이 단공류는 오스트레일리아에서만 산다. 오스트레일리아에는 지구의 나머지를 지배하는 포유동물인 태반 포유류가 별로 없다. 오스트레일리아에서 발견되는 유일한 토착 태반 포유류는 그곳으로 날아간 포유류(박쥐)와 헤엄쳐 간 포유류(바다사자, 바다표범, 돌고래)다.

오스트레일리아의 포유류들은 창조론자들에게 어려운 문제를 제기한다. 창조론자들은 노아가 동물의 모든 종 두 마리를 방주에 태웠다고 주장하는 대신 속이라는 "종류"를 한 쌍씩 태웠다고 주장한다. 개 "종류", 소 "종류", 말 "종류" 식으로 말이다.[9] 그러므로 홍수 후 4,000년 이내에 한 쌍

---

9 "종류"라는 용어는 현대 생물학에서 사용되는 용어가 아니라는 점을 주목할 필요가 있다. "종류" 개념은 창조론자의 문헌에 독특하다. Jean Lightner, Tom Hennigan, Georgia Purdom, and Bodie Hodge, "Determining the Ark Kinds," Anwers in Genesis, August 1,

의 유대류 속과 한 쌍의 단공류 속이 광대한 대양을 건너 오스트레일리아로 가서 정착하고 오늘날 살아 있는 여러 종으로 다각화했다. 창조론자들은 그것이 어렵다는 점을 인정하지만 아무튼 설명을 제공한다.

폴 테일러 등[10]은 날지 않는 포유류 동물이 어떻게 퍼졌는지에 관한 "작은 비밀"을 제안하는데 그것은 배였다. 그들에 따르면 격렬한 홍수 물에 의해 잘려나간 거대한 숲의 나무들에서 나온 통나무들이 떠다니며 작은 배 역할을 했는데 동물들이 통나무를 타고 지구의 먼 곳까지 갈 수 있었다. 나는 노아가 아라랏산으로 가기 전에 오스트레일리아에 가서 캥거루를 떨어뜨렸다거나 캥거루를 뗏목에 태워 보냈다는 빈정거리는 말을 들어본 적이 있는데, 확실히 창조론자들의 설명은 그런 말과 크게 다르지 않다. 그들은 과학을 창세기에 맞추기 위해 캥거루를 카약에 태운다.

다른 창조론자의 설명은 홍수 후 육상 다리를 포함한다. 여러 창조론자 단체에 글을 쓴 은퇴 기상학자 마이클 오드(Michael Oard)는 홍수의 거대한 빙하기가 있었다고 주장한다.[11] 창조론자들은 오드의 논지를 사용해서 오스트레일리아에 가는 길을 포함하여 얼어붙은 육상 다리가 있었다

2014, https://answersingenesis.org/noahs-ark/determining-the-ark-kinds/.

10　Paul F. Taylor, "How Did Animals Spread All Over the World from Where the Ark Landed?," Answers in Genesis, October 18, 2007, https://answersingenesis.org/animal-behavior/migration/how-did-animals-spread-from-where -ark-landed/; Harry F. Sanders III and Troy Lacey, "Floating Log Rafts," Answers in Genesis, August 31, 2019, https://answersingenesis.org/the-flood/global/floating-log-rafts/; Dominic Statham, "Natural Rafts Carried Animals around the Globe," Creation Ministries International, April 2011, https://creation.com/natural-rafts-carried-animals-around-the-globe.

11　Michael Oard, "The Ice Age and the Genesis Flood," Institute for Creation Research, June 1, 1987, https://www.icr.org/article/ice-age-genesis-flood/.

고 추정한다.[12] "동물 이주의 성경적 모델은 명백히 성경으로 시작하기"[13] 때문에 그것에 반대되는 증거는 무시된다.

오스트레일리아에 유대류는 많은 반면에 태반류는 적은 것은 어떻게 설명되는가? 폴 테일러에 따르면 그것은 쉽게 설명된다. 유대 포유류는 새끼들을 주머니에 넣고 다니기 때문에 태반 포유류보다 더 멀리 갈 수 있었다. 다른 한편으로 육아낭이 없는 태반 포유류는 가는 도중에 새끼를 돌보기 위해 계속 멈춰야 했다.[14] 따라서 카약을 타고 내장된 주머니를 갖춘 캥거루들이 오스트레일리아로 가는 경주에서 이겼고 피곤하고 칭얼거리는 새끼들을 데리고 있던 태반 포유류는 뒤처졌다. 테일러는 알을 낳은 단공류가 어떻게 태반류보다 오스트레일리아까지 빨리 갈 수 있었는지 설명하지 않는다. 그곳에 가는 방법이 카약이었든 육상 다리였든 간에 오스트레일리아로 가는 길은 하나뿐이었고 유대류와 단공류만 그곳에 갔으며 태반류는 그곳에 갈 수 없었다.

---

12 Taylor, "How Did Animals Spread?"

13 Taylor, "How Did Animals Spread?"

14 Taylor, "How Did Animals Spread?"

8장

돌에 쓰이다

윌리엄 스미스(William Smith)는 경제적 형편이 변변찮은 가정에서 태어났고 어릴 때 고아가 되었으며 영국 옥스퍼드셔주에 있는 삼촌의 농장으로 보내졌다. 그의 삼촌은 어린 조카가 암석, 특히 윌리엄과 그의 친구들이 공깃돌로 사용한 작은 조개 모양의 돌들을 수집하기를 좋아하는 것을 반겼다. 윌리엄은 가시가 없는 성게와 비슷하고 종종 버터 저울의 균형을 잡는 데 사용된 큰 돌인 "파운드 스톤"(pound stone)을 수집하는 것도 좋아했다.[1] 의심할 나위 없이 윌리엄 스미스는 소년 시절부터 화석 광이었다.

스미스는 공식적인 교육을 별로 받지 못한 19세기의 노동자 계급이었다. 그는 측량사의 조수로 일했고 궁극적으로는 도로와 운하를 건설하는 엔지니어로 일했다. 따라서 그는 항상 굴착으로 노출된 암석층들을 관찰했다. 스미스는 어릴 적에 느꼈던 화석에 대한 매력을 잃지 않았다. 스미스는 화석은 항상 퇴적암에서 발견되고 특정한 화석들은 언제나 같은 층(layer), 즉 암석의 "지층"(stratum)에서 발견되는 것을 알아차렸다. 놀랍게도 화석들의 순서는 그가 어디를 보든 똑같았다. 바닥층부터 꼭대기 층까지, 윌리엄은 항상 자기가 어떤 화석을 발견할지 예측할 수 있었다.

스미스가 암석층의 어디를 조사하든 화석들의 연속에 일관성이 있었다. 1815년에 스미스는 영국과 웨일스의 획기적인 지질학 지도인『조

---

[1] "파운드 스톤"은 고대의 얕은 바다에 흔했던 성게 화석이다. "Warwickshire Pound-Stones," *Our Warwickshire*, https://www.ourwarwickshire.org.uk/content/article/warwickshire-pound-stones를 보라.

직화된 화석들에 의해 식별된 지층들』(*Strata Identified by Organized Fossils*)을 출간했고 이어서 영국 전역의 화석들에 관한 책을 두 권 더 냈다. 스미스는 화석 수집을 단순한 빅토리아 시대의 진기한 물건 수집 취미에서 실생활의 실제적인 기술 적용으로 이동시켰다. 스미스의 "동물상 연속"(faunal succession)—특정한 화석들은 특정한 암석층에서만 발견된다—은 현대의 석유와 가스 탐사의 토대가 되었다.

윌리엄 스미스와 둘 다 성직자인 그의 화석 광 친구들은 그들이 가지고 있는 화석들을 따라 스물세 개가 넘는 암석들의 이름을 지었다. 스미스는 신앙인이었지만 자기가 발견한 사실들을 숨기거나 그것들을 성경의 시간 틀에 맞추려고 시도하지 않았다. 사실은 단순히 사실일 뿐이었다. 스미스에게 있어서 화석들은 하나님의 창조 과정에 대한 통찰이었다. 즉 하나님이 생명을 점진적으로 복잡해지도록 창조했음이 분명했다.[2]

생명의 사진 앨범

진화가 사실이고 모든 생명이 공통 조상으로부터 유래했다면, 즉 "공통 조상으로부터의 변이"가 사실이라면 우리가 화석 기록에서 어떤 종류의 것들을 보리라고 예상하겠는가?

우리는 연대기적으로 모으면 40억 년에 걸친 진화적 변화의 파노라마를 보여주는 과거의 스냅 사진들을 보리라고 예상할 것이다. 돌에 찍힌

---

2   윌리엄 스미스와 그의 신앙 및 그의 동물 연속성 발견에 관한 추가적인 내용은 Allan Chapman, *Slaying the Dragons: Destroying Myths in the History of Science and Faith* (Oxford: Lion Hudson, 2013), 126을 보라.

156   노아 방주에 새끼 공룡들을 태웠다고?

"사진 앨범"은 흐릿한 곳들이 있을 수 있고 많은 조각이 빠져 있을 수도 있지만 그 양상은 오해의 여지가 없을 것이다. 우리가 실제로 보유하고 있는 화석 사진 앨범은 여기저기가 빠진 사진들인데 그 주된 이유는 화석화가 드문 현상이기 때문이다. 그러나 화석화 현상이 드물기는 하지만 우리는 놀랍도록 풍부한 화석들을 갖고 있다.

> 우리가 실제로 보유하고 있는 화석 사진 앨범은 여기저기가
> 빠진 사진들인데 그 주된 이유는 화석화가 드문 현상이기 때문이다.

똑똑한(그러나 까다롭기로 유명한) 20세기 진화생물학자 홀데인(J. B. S. Haldane)이 "어떤 증거가 있으면 진화가 사실이 아니라는 것이 증명되겠는가?"라는 질문을 받았을 때 "선캄브리아기의 토끼 화석"이라고 답변한 일화는 유명하다.[3]

홀데인의 퉁명한 답변은 화석 기록은 하나의 이야기를 들려주는데 그 이야기는 예측 가능하다는 점을 확실하게 표현한다.

선캄브리아기 암석들은 지구에서 가장 오래된 암석들이다. 선캄브리아기 생명은 미생물이 압도적인데 대부분은 화석화된 단순한 단세포 박테리아 뭉치들이다. 선캄브리아기 층들의 가장 위에는 바다조름과 해파리를 닮은 뚜렷하지 않은 다세포 생물들이 존재한다. 선캄브리아기 층에서는 경조직(hard body)이나 뼈 혹은 다리 또는 심지어 머리가 있는 생물이

---

3   Jerry A. Coyne, *Why Evolution Is True* (New York: Viking, 2009), 53. 『지울 수 없는 흔적』(을유문화사 역간).

전혀 발견되지 않는다. 큰 귀와 솜 꼬리(cotton tail)가 있는 생물도 없다는 것이 거의 확실하다.

화석의 대다수는 동물이나 식물이 죽어서 진흙이나 실트로 덮일 때 형성된다. 그 퇴적물은 궁극적으로 돌로 굳어져서 내부에 그 동물이나 식물을 보관한다. 사체가 변질됨에 따라 광물들이 암석 안으로 침투해서 조직들을 대체한다. 때로는 단단한 부분들이 완전히 변질되고 몸의 허물이 남겨진다. 다른 유형의 화석화는 곤충들이 굳어진 수지 내부에 갇힐 때 발생하는 경우처럼 동물 전체를 보존한다.

우리는 동물들의 화석화된 "흔적들"로부터도 많은 것을 배울 수 있다. 화석화된 발자국들과 동물들의 자취들은 동물의 크기와 형태, 자세, 이동 방법에 관해 말해준다. 발자국들과 자취들은 행태에 관해서도 말해준다. 그 동물이 혼자 다녔는가 아니면 무리 지어 다녔는가? 그것들은 새끼와 함께 다녔는가? 분석(coprolite, 화석화된 똥)은 많은 정보를 제공한다. 그 동물의 먹이는 무엇이었는가? 그 동물은 어떤 생태계에서 살았는가? 분석들은 그 동물의 소화관에 관해서도 말해줄 수 있다.

초창기의 생명에서 나온 "스냅 사진들"은 미미하다. 생명의 역사의 처음 80퍼센트 기간 동안 모든 생명체는 연조직(soft body)을 지녔다. 화석 기록은 연조직에 불리하게 편향되었고 껍데기, 뼈, 이빨 같은 단단한 부분을 지닌 종에게 유리하게 편향되었다. 그럼에도 바위로 굳어진 진흙 속에 연조직 동물들과 식물들의 흔적이 많이 남아 있다. 화석 기록에는 짧은 기간만 존재한 종들과 희귀한 종들도 빠져 있다. 화석화는 오랫동안 존재한 종들과 수가 많고 널리 퍼진 종들에게 유리하게 편향되어 있다.

진화 이론은 어떤 종에서 다른 종들로의 변화, 특히 강(class)이나 문

(phylum) 또는 계(kingdom)를 넘어가는 변화들이 수천 년, 수백만 년, 수십억 년에 걸친 작은 변화들이 누적된 결과로 일어난다고 말한다. 흔히 진화는 갑작스러운 사건으로서 진화를 통해 어류가 양서류를 낳았다거나 파충류가 포유류를 낳았다거나 유인원이 인간 아이를 낳았다고 오해된다. 그것은 진화에 대한 오해일 뿐만 아니라 기초생물학에 대한 오해이기도 하다. 진화가 참이라면 우리는 화석 기록에서 거대한 도약이 아니라 연속체를 볼 것이다.

> 진화 이론은 어떤 종에서 다른 종들로의 변화, 특히 강(class)이나 문(phylum) 또는 계(kingdom)를 넘어가는 변화들이 수천 년, 수백만 년, 수십억 년에 걸친 작은 변화들이 누적된 결과로 일어난다고 말한다.

모든 생물이 최초의 조상 세포에서 나왔다면 우리는 단순한 생명 형태에서 좀 더 복잡한 형태로 진보하는 것을 보리라고 예상할 것이다. 우리가 화석 기록에서 보는 파노라마 같은 이야기는 추세들의 이야기다. 우리는 가장 오래된 암석들에 존재하는 단세포 생물에서 좀 더 새로운 암석들에 존재하는 복잡한 다세포 척추동물에 이르기까지 동물들에게서 복잡성이 증가하는 방향으로의 추세를 본다. 우리는 머리가 없는 동물에서 머리가 있는 동물로 변하고 이어서 머리와 사지가 있는 동물로 변해가는 신체 구조상의 추세를 본다. 우리는 비대칭적인 신체(해면 등)에서 방사상으로 대칭적인 신체(해파리 등)를 거쳐 좌우 대칭인 신체(벌레부터 인간까지 다른 모든 동물)에 이르기까지 신체 형태상의 추세를 본다. 우리는 식물에서도 단세포 조류에서부터 단순한 육상 식물을 거쳐 구조와 생식 측면에서 점점 더 복잡해지는 식물에 이르기까지 동물에서의 추세에 상응하는 추세를 본다.

화석 기록에서 점점 더 복잡한 신체 형태가 **최초로 출현**한 후에도 가장 덜 복잡한 형태들이 사라지지 않는다. 화석 기록에 추세들이 있지만 원시적인 형태들이 좀 더 복잡한 형태들과 더불어 계속 살아간다. 좀 더 복잡한 형태가 발달할 때 원시적인 동물과 식물이 모두 사라지지는 않았다. 오늘날 오랫동안 거의 변하지 않고 원시 조상들과 매우 비슷한 모습으로 살고 있는 식물들과 동물들이 있다. 칠성장어, 실러캔스, 참게는 화석 기록에서 최초로 식별된 이후 거의 변하지 않았다. 은행나무는 1억 년 동안 거의 변하지 않았다. 생명 형태들이 나타난 뒤 이후의 화석층들에 계속 나타나는 형태들이 있는가 하면 멸종해서 화석 기록에서 사라지는 형태들도 있다.

초기의 생명

윌리엄 스미스가 영국에서 발견했듯이 암석층들에는 예측 가능한 연속성이 있다. 그리고 스미스가 이 사실을 발견한 영국을 넘어 지구 전체적으로 이 관찰내용이 성립한다. 우리는 그 안에서 발견되는 화석들을 통해 오래된 암석들과 새로운 암석들을 구별할 수 있다.

많은 지역에서 암석층들은 케이크의 층들처럼 연대순에 따른 층들로 깔끔하게 놓여 있다. 하지만 지구 지각의 운동들이 암석층들을 교란한 곳들도 있다. 대륙판들이 이동하고, 어떤 곳에서는 산맥이 융기하고 다른 곳에서는 침식되며, 암석들이 갈라지고 미끄러지며, 화산 폭발로 지각이 깨져 깔끔하게 놓인 암석층들이 미끄러지고 정렬을 벗어난다. 지질학자들이 지리적 지역을 넓게 보면 이렇게 정렬이 이동한 것을 인식할 수 있고 순서를 다시 맞출 수 있다. 더구나 우리는 암석의 절대 나이를 알 수 있고 (5장을 보라) 지구상의 좀 더 넓은 범위에서 나온 같은 나이의 암석들을 비교할 수 있다. 암석층들에 나타나는 물리적 연속과 나이의 연속을 알면 우리는 생명의 시간 틀을 구성할 수 있다.

가장 오래된 화석들은 약 35억 년 된 암석들에 나타나는 단세포 박테리아 뭉치들이다. 지구의 역사의 다음 20억 년 동안에는 박테리아 뭉치들만 나타난다. 그 후 우리는 진핵생물—세포핵 안에 염색체를 포함하는 좀 더 복잡한 단세포 생물—의 증거를 발견하기 시작한다. 이때까지는 다세포 생물이 없었다. 가장 오래된 암석층에서는 모든 생물이 단세포로 존재했다. 약 6억 3,000만 년 된 암석들에서 우리는 다세포 생물들을 발견하기 시작한다. 눈이나 사지 또는 장기들은 말할 것도 없고 머리가 있는 생물도 없었지만 그럼에도 그것들은 원시적인 몸을 갖고 있었다. 이 생물들은 굳어진 퇴적물에 그것들의 연조직의 흔적을 남겼다. "에디아카라기 동물들"(Ediacarans)로 알려진 이 동물들은 양치류나 깃털 형태였고(현대의 바다 조름과 비슷했지만 똑같지는 않았다), 일부는 벌레 같았다.

이어서 약 5억 4,000만 년 전에 우리는 생명의 "폭발"을 목격한다(아무것도 없던 데서 나온 것 같았다). 단지 단세포 생물들의 뭉치나 연조직 에디아카라기 동물들의 우발적인 흔적이 아니라 다양한 종류의 동물 생명이 나타났다. 캄브리아기로 알려진 이 지질 시대의 최초의 암석들에 광물화한 껍데기들을 가진 작은 동물들이 대량으로 나타난다. "작은 껍데기들"이라는 별명을 가진 이 작은 동물들은 다양한 형태, 조직, 뾰족함을 보인다.

"작은 껍데기들"층 다음에 큰 껍데기 동물들과 굴을 파는 벌레 비슷한 동물들이 나타난다. 그 위층에서는 곤충/게처럼 보이는 낯익은 삼엽충—삼엽충은 단단한 껍데기를 갖고 있어서 쉽게 화석화된다—이 풍부하게 나타난다. 마지막으로, 가장 젊은 캄브리아기 층들은 해양 생명체들로 가득 차 있다. 즉 좀 더 다양한 삼엽충, 좀 더 다양한 껍데기가 있는 동물, 원시 절지동물과 극피동물, 벌레처럼 생긴 동물들과 정교한 연조직을 지닌 다른 동물들, 다양한 조류(algae), 골격이 없는 원시 척삭동물이 나타난다. 척삭동물은 궁극적으로 (우리 인간처럼) 뼈 골격이 있는 동물로 진화하지만 그 점에 관해서는 아직 얘기할 단계가 아니다.

그렇게 다양한 생물이 "갑자기" 출현한 점에 비추어 볼 때 이 지질 시대가 흔히 "캄브리아기 폭발"로 불리는 것도 놀랄 일이 아니다. 그러나 "갑작스럽다"는 말은 상대적인 용어다. 캄브리아기는 8,000만 년에 걸친 엄청난 다양성의 시대였다. 도널드 프로테로(Donald Prothero)는 흔히 "폭발"이라고 언급하는 것을 신화라고 부르며 "캄브리아기의 느린 도화선(fuze)"이라는 묘사를 선호한다.[4] 캄브리아기에 현대의 생명의 많은 조상이 출현했지만 이 시기에는 진정한 뼈나 사지 또는 머리를 가진 생물은 없었다.

창조론자들은 캄브리아기의 "갑작스러운" 측면을 창세기 창조 주간의 증거로 이용했다. 창조론자 저자 중 선캄브리아기의 에디아카라기 동물들을 인정하는 사람도 있었고 그것들을 무시하거나 일축하는 사람도

4　Donald Prothero, *Evolution: What the Fossils Say and Why It Matters* (New York: Columbia University Press, 2017), 178.

있었다. 창조론의 베스트셀러 책 저자인 스티븐 메이어조차 캄브리아기 초기의 "작은 껍데기들"을 일축했다.[5] 선캄브리아기나 캄브리아기 초의 생물들을 무시하는 것은 좀 더 갑작스러운 "캄브리아기 폭발"의 더 큰 폭발성을 암시한다. 창조론자 진영의 주요 두뇌 집단은 모두 선캄브리아기에 선구자 종들이 없었고 다양한 생명이 캄브리아기에 "갑자기" 출현했다는 데 동의한다.

창조론자는 세계적이고 격변적인 노아의 홍수가 캄브리아기와 화석 기록의 나머지를 형성했다고 설명한다. 일반화된 분류 설명에서의 문제가 캄브리아기 화석에도 적용된다. 캄브리아기 암석층이 세계의 어느 곳에 노출되었든 그 층에서는 포유류, 조류, 공룡, 인간이 발견되지 않으며 심지어 어류나 양서류도 발견되지 않는다. 캄브리아기 화석들은 다양하기는 하지만 머리와 사지가 없는 원시적인 해양 생물일 뿐이다.

캄브리아기 앞쪽으로 시간 여행을 하면 우리는 먼저 어류를 발견한다. 그것들은 처음에는 소수이고 원시적이며 턱과 지느러미가 없고 비늘판들로 덮여 있다. 그러나 이후의 층들에서는 어류가 그 시대를 지배한다. 턱과 지느러미 및 연골조직으로 된 골격을 갖춘 어류에 이어 뼈로 이루어진 골격을 갖춘 어류가 등장한다. 광선 모양의 가시로 지느러미를 지탱하

---

5 Stephen Meyer, *Darwin's Doubt: The Explosive Origin of Animal Life and the Case for Intelligent Design*(New York: HarperOne, 2013)을 보라. 다음 문헌들도 보라. Brian Thomas, "What Were the First Animals Like?," Institute for Creation Research, September 16, 2013, https://www.icr.org/article/what-were-first-animals-like; Elizabeth Mitchell, "Multicellular Life Evolving in Microfossils, Evolutionists Say," Answers in Genesis, October 23, 2014, https://answersingenesis.org/fossils/transitional-fossils/multicellular-life-evolving-microfossils-evolutionists-say/.

는 어류와 막대 모양의 뼈들로 살이 많은 지느러미를 지탱하는 어류가 출현한다. 오늘날 두 유형의 후손들이 존재하지만 광선 모양의 가시가 있는 어류가 우리에게 가장 익숙하다. 그것들의 초기 조상 때부터 지금까지 거의 변하지 않은 몇몇 물고기들—칠성장어(원시적인 등뼈가 있고 턱이 없는 물고기), 상어, 홍어, 가오리(연골로 된 골격이 있고 턱이 있는 물고기)—이 오늘날 대양을 헤엄쳐 다닌다. 어류가 바다를 지배할 때 최초의 식물들과 곤충들이 육지로 나왔다.

좀 더 앞으로 시간 여행을 해보면 최초의 다리가 넷 달린 동물이 등장한다. 이 원시 네발 동물들은 물에서 알을 낳았지만 물가에서 육지를 탐험했다. 머지않아서 이 초기 양서류 동물들이 가장 중요한 존재가 되었다. 일부는 거대했다. 그러나 그것들은 악어와 마찬가지로 당시의 최상위 포식자였다.

다른 거대 동물들—갈매기 크기의 잠자리와 2미터가 넘는 노래기—이 숲에 살았다. 그리고 숲에 관해 말하자면 거대한 석송, 속새, 양치류의 무성한 수풀이 지배했다. 최초의 속씨식물, 솔방울에 씨를 맺는 침엽수도 나타난다. 오늘날에도 여전히 세계의 여러 부분에서 연료로 사용되는 풍부한 석탄층들은 이런 습지 숲에 의해 만들어졌다. 바다에서는 물고기들이 초기 극피동물(불가사리, 성게 등) 및 껍데기가 있는 크고 작은 다양한 연체동물과 더불어 헤엄쳐 다녔다.

전환점

계속 앞으로 진행해보자. 약 3억 년 된 암석에 네발 동물에서의 획기적인 전환점이 되는 증거가 존재한다. 사지 양서류의 생식은 물과 연계되었다. 알은 반드시 물에서 낳아야 한다. 그렇지 않으면 알이 죽을 것이다.

육지에서 좀 더 영구적으로 살 수 있게 된 열쇠는 밀폐된 알의 진화, 즉 양막 알(amniotic egg)이었다. 양막 알은 배아가 막과 액체 안에서 마를 위험 없이 안전하게 싸여 있을 수 있게 해 준다.

육지에 알을 낳은 최초의 주요 척추동물 그룹은 파충류였다. 물에서 더 멀리 떨어져 지낼 수 있게 된 파충류에게 완전히 새로운 세계가 열렸다. 그리고 이제 파충류의 시대가 시작되었다. 최초의 파충류가 출현한 이후 초기 공룡 및 더 많은 파충류가 나타나고 우리에게 좀 더 익숙한 공룡 및 최초의 조류(birds)가 등장한다. 일부 대형 포식성 파충류들은 다시 해양 생활로 돌아갔고 그것들의 수족은 물에서 헤엄치고 사냥하기 위해 물갈퀴로 변화되었다. 다른 파충류, 즉 익룡은 매우 긴 네 번째 손가락 위로 피부로 이뤄진 날개를 펼쳐서 하늘을 날았다.

파충류에서 분리된 계통에서 여전히 파충류의 몇몇 특징을 유지한 원시 포유류 같은 동물들이 발견되기 시작한다. 공룡의 전성기 중에 최초의 진정한 포유류가 나타나는데 그것들은 작고 인상적이지 않지만 아무튼 포유류다.

1억 년 전쯤에는 수없이 많은 네발 동물이 최초의 현화식물과 열매 맺는 식물 사이를 기거나 달리거나 날아다녔다.

지구상에 최초의 생명이 출현한 이후 다섯 번의 주요 대량 멸종이 있었다는 증거가 있다. 가장 마지막 대량 멸종인 백악기-팔레오기 대멸종(Cretaceous-Tertiary[K-T] extinction, 또는 Cretaceous-Paleogene[K-Pg] extinction)은 약 6,500만 년 전에 일어났다. 그것이 지질의 역사에서 가장 큰 멸종은 아니었지만 백악기-팔레오기 멸종에서 육상과 바다의 많은 생명이 죽었다. 이후 암석층들에서 더 이상 (조류가 아닌) 공룡, 날아다니는 익룡, 거대한 파충류 해양 포식자가 발견되지 않는다.

지배적이던 육상 및 해양 파충류들이 멸종함에 따라 작고 온순한 포유동물들이 새롭게 사용할 수 있게 된 생활 공간을 활용했다. 포유류가 지구 전체에서 다양화되었고 많은 동물이 거대해졌다. 포유류의 한 그룹인 영장류는 약 5,500만 년 전에 최초로 출현했다. 최초에는 작았던 영장류는 신세계원숭이, 구세계원숭이, 유인원으로 다양화되었다.

약 600만 년 전 아프리카에서만 뚜렷한 인간의 특질을 어느 정도 지닌 최초의 영장류의 증거가 발견된다. 300만 년 전쯤에는 완전히 직립하고 인간의 손과 치아를 지닌 영장류가 발견된다. 200만 년 전에는 현재의 인간과 같은 속인 **호모** 속으로 분류되는 영장류가 발견된다. 다양한 호모 그룹들이 직립했고 인간의 손과 치아를 가졌으며 도구를 사용했다. 약 180만 년 전에 최초의 **호모** 속 구성원들이 아프리카를 떠났다. 아프리카에서 발견된 최초의 현생인류 화석은 약 20만 년 전의 것으로 추정되었다. 현생인류는 약 60,000년 전에 아프리카를 떠나 전 세계에 퍼졌고 아메리카 대륙에는 약 15,000년 전에 도달했다.

이것은 선캄브리아기부터 현대까지 단축된 시간 여행이지만 화석기록에 존재하는 양상은 명백하다. 즉 가장 오래된 암석들에 나타나는 생명은 원시적이고 단순하며 이후의 층들에서는 변이, 다양성, 복잡성이 증가한다. 생명은 많은 신체 형태들을 "시험해 보았다." 그중 일부는 현재까지 살아남았고 다른 일부는 멸종했다. 더욱이 단순화된 나의 여행은 과도기 종들을 포함하지 않았다. 실제로는 원시적인 특성과 현대적인 특성을 지닌 "중간" 종들로 가득하다. 다음 장에서는 중간 종들을 살펴볼 것이다.

Baby Dinosaurs
on the Ark?

9장

빠진 고리를
찾아서

그것은 아마도 텍사스주의 기발하고 재미있는 수도인 오스틴에서 채택한 구호인 "오스틴을 계속 별나게 만들어라"라는 정신에서였을 것이다. 2013년 9월의 화창한 어느 날 빅텍스(Big Tex)와 **티라노사우루스 렉스** 분장을 한 사람들이 작은 무리를 이끌고 텍사스 대학교 캠퍼스를 행진했다. "과학을 위해 일어서라"라고 적힌 플래카드를 앞세우고 우상과 같은 시카고 카우보이와 우상과 같은 시카고 공룡이 공립학교 생물학 교과서 채택 여부를 논의하기 위한 주 교육위원회의 청문회 장소로 행진했다.

수십 년 동안 텍사스주는 미국의 전국적인 교과서 채택을 지배했다. 텍사스주가 크고 그곳에 학군이 많다 보니 교과서 발행사들은 텍사스주 학교들의 비위를 맞추려고 했다. 빅텍스와 티라노사우르스 렉스 및 다른 시위자들을 모이게 만든 논쟁의 중심에 있던 교과서는 널리 채택되었고 명망이 높았던 고등학교 생물 교과서였다. 28개 주 중 6개 주의 교과서 검토자들이 그 책에 들어있는 다수의 "오류들"—모두 진화라는 주제와 관련이 있었다—로 인해 그 책을 거부했다.[1]

전문가들이 그 "오류들"을 하나씩 다룬 후 그 교과서가 채택되었다. 하지만 가장 오해되고 가장 잘못 설명된 과학 개념 중 하나인 진화는 유지되었다.

---

1 Zack Kopplin, "Showdown Over Science in Texas," *Slate*, September 20, 2013, https://slate. com/technology/2013/09/texas-science-textbooks-creationists-try-to-remove-evolution-from-classrooms.html.

흔한 오해들

오해: 진화는 생명의 기원에 관한 이론이다. 과학자들은 생명이 어떻게 시작되었는지에 대해 관심이 있지만 생명의 출현은 진화 이론의 일부가 아니다. 진화는 생명이 생겨난 뒤 그것이 어떻게 퍼지고 다양해졌는지를 설명한다.

> 과학자들은 생명이 어떻게 시작되었는지에 대해 관심이 있지만
> 생명의 출현은 진화 이론의 일부가 아니다.

오해: 진화는 무신론을 요구한다. 진화 이론은 신이나 종교 또는 철학이나 세계관에 관해서는 어떤 것도 말하지 않는다.

오해: 진화는 관찰이나 검증을 할 수 없다. 진화는 자연적인 집단들 연구들에서뿐만 아니라 통제된 실험실 실험에서도 증명되었다. 관찰할 수 있는 증거가 많이 존재한다. 우리가 어떤 사건이 발생할 때 물리적으로 그 현장에 있어야만 그 사건의 실재를 받아들이는 것은 아니다. 진화 이론은 거듭해서 새로운 발견들을 성공적으로 예측해왔다.

오해: 진화를 부인하는 과학자가 많다. 압도적으로 많은 과학자가 진화를 받아들인다. 현업 연구원들과 PhD들의 99퍼센트가 진화를 받아들인다.[2] 현재까지 동료 집단의 심사를 받은 연구로서 진화의 원칙에 도전하

---

2   David Masci, "For Darwin Day, 6 Facts about the Evolution Debate," Pew Research Center, February 11, 2019, https://www.pewresearch.org/fact-tank/2019/02/11/darwin-day/.

는 연구는 없었다.

게다가 모든 사람이 언급하기를 좋아하는, 파악하기 어려운 빠진 고리 문제가 있다.

오해: 우리는 하나의 빠진 고리를 결코 발견하지 못했다. 사실 이 말은 맞는 말이다. 우리는 "하나의" 빠진 고리를 발견하지 못했다. 실제로는 "하나의" 빠진 고리가 있는 것이 아니라 수천 개의 빠진 고리들이 있다. 생물학자들은 그것들을 "과도기 종"이라고 부른다. 과도기 종들은 인어나 원숭이-다람쥐-물고기 같은 기괴한 뒤죽박죽이 아니라 원시적인 특성들과 진보된 특성들의 혼합이다. 과도기 종들은 종의 진화를 증명한다.

가족의 사진 앨범이 특정한 식구의 대표적인 스냅 사진들을 포함하듯이 화석 기록은 우리에게 어떤 종의 생명의 역사에서 나타난 스냅 사진들을 보여준다. 생명의 사진 앨범에 지금까지 살았던 모든 종의 사진이 포함되어 있지는 않으며 일부 단계들은 흐릿하거나 빠져 있지만 장기간에 걸쳐 변화한 압도적인 그림을 그리고도 남을 만큼 충분한 사진이 존재한다.

원숭이-다람쥐-물고기의 진화

모든 생명의 공통 조상은 진화 이론 중 가장 오해되고 가장 잘못 설명된 측면 중 하나다. 지질학이 인기 있는 창조론 영화 "창세기는 역사인가?"(*Is Genesis History?*)[3]의 초점이었지만 그 영화에서 공통 조상과 과도기 종이라

---

3 *Is Genesis History?* https://www.imdb.com/title/tt6360332/.

는 주제도 다뤄졌다. 출연진들이 일반적인 주장("복잡성을 한 번에 한 단계씩 구축할 수 없다")에서부터 터무니없는 주장("상어를 새[bird]로 진화하게 만들 수 없다")까지 다양한 주장을 펼쳤다. 공통 조상과 과도기 종은 다음과 같이 익살스럽게 개괄적으로 일축되었다.

"나는 하나님께서 피조물들이 날개나 허파를 만들기 위해 땅바닥에서 퍼덕거리는 것을 보시고 기뻐하셨다고 상상할 수 없다."[4]

"창세기는 역사인가?"는 창조론자들이 거듭 말하는 화석 기록에서 "빠진 고리들"과 과도기 형태의 부존재를 반복해서 언급한다. 그리고 실제로 당신이 날개나 허파를 키우기 위해 퍼덕거리는 생물들을 찾고 있다면 과도기 종들은 전혀 없을 것이다.

공통 조상으로부터 유래한 것이 사실이라면 우리는 과도기에 있는 동물들과 식물들을 발견하리라고 예상할 것이다. 우리는 원시적인 특성들과 좀 더 현대적인 특성들을 갖춘 동물들과 식물들을 발견하리라고 예상할 것이다. 공통 조상이 사실이라면 우리는 또한 어디에서 그런 과도기적인 생물들이 발견될 것인지 예측할 수 있을 것이다.

물에서 육지로 나오다

시카고 대학교의 닐 슈빈 박사(Dr. Neil Shubin)는 어류 고생물학자다. 슈빈 박사의 주된 관심 분야는 물에서 육지로의 생명의 이동이다. 슈빈 박사와

---

4   이 인용문은 "Q&A with Del Tackett and the Scientists"에서 해설자 델 타케트가 한 말이다. 원래는 극장에서 그 영화가 끝난 뒤 보여졌다. https://isgenesishistory.com/qa-with-del-tackett/에서 그 Q&A를 볼 수 있다.

그의 연구팀은 2000년에 6년이 넘게 소요되는 필생의 탐사에 착수했다. 그 팀의 목표는 어류에서 사지 육상 동물로의 이동을 증명하는 것이었다.[5]

만일 당신이 지구상에서 네 번의 여름 동안 암석들을 캐낼 장소를 고른다면 어느 곳을 선택하겠는가? 해변이나 산 또는 기후가 좋은 곳을 선택하겠는가?

하지만 화석 발굴은 그런 식으로 작동하지 않는다. 신나는 휴양지에서 마구잡이로 땅파기를 시작할 수는 없다. 우선, 모든 암석이 화석을 포함하는 것은 아니기 때문에 올바른 종류의 암석을 발견해야 한다. 과열(super-heating) 과정을 통해 형성된 암석들(용암, 화강암, 대리석)은 화석을 포함할 가능성이 별로 없으며 어류 화석을 포함할 가능성은 확실히 없다. 화석을 함유하는 암석들은 퇴적을 통해 형성된다(석회암, 사암, 점토암). 둘째, 암석들이 표면에 노출되어야 한다. 당신 발밑의 많은 퇴적암이 두꺼운 토양이나 물로 덮여 있으면 별 소용이 없다.

표면에 노출된 올바른 유형의 암석이 존재하는 것이 출발점이지만 슈빈 박사와 그의 팀에게는 좀 더 중요한 한 가지 기준이 있었다. 슈빈은 어류 화석들이 나타나는 암석들의 나이를 알았다. 슈빈은 최초의 네발 동물들이 나타나는 암석의 나이도 알았다. 슈빈은 진화가 참이고 공통 조상이 사실이라면 수생 동물과 육상 동물 사이의 "과도기" 동물들은 "중간" 나이의 암석들에서 발견되리라고 예측했다.

세계 지질 조사 지도를 사용해서 슈빈은 퇴적과 노출과 나이라는 세

5　Neil Shubin, *Your Inner Fish* (New York: Pantheon, 2008). PBS(2014)는 그 책을 기초로 3부작 시리즈를 만들었다. http://www.pbs.org/your-inner-fish/about/overview/.

가지 조건을 모두 만족하는 장소를 찾아냈다. 그 후 6년 동안 슈빈과 그의 연구팀은 캐나다 북극의 엘즈미어섬에서 네 번의 여름을 보냈다. 북극권은 전형적인 여름 휴양지가 아니지만 화석 기록이 어떤 이야기를 해 준다면 당신은 그 이야기의 빠진 조각이 있을 만한 곳을 살펴봐야 한다.

한 팀원이 암석을 깨뜨리고 그것을 치우자 코 하나가 자신을 바라보고 있는 것을 발견했을 때 돌파구가 찾아왔다. 좀 더 많은 돌을 제거한 그들은 자기들이 확실히 물고기 화석을 대하고 있다는 것을 알았지만 이 물고기는 전에 알았던 어떤 물고기와도 달랐다. 이 물고기는 악어들처럼 머리가 평평했다. 그리고 알려진 다른 어떤 어류와도 달리 이 물고기는 목을 갖고 있었다! 이 물고기에게는 어깨도 있었고 그것의 앞지느러미 안에는 상완과 전완(팔뚝), 심지어 손목의 뼈들도 있었다. 슈빈과 그의 팀은 자기들의 발견물에 그 지역의 토착 언어인 이눅티투트어로 "큰 민물 물고기"를 의미하는 **틱타알릭**(*Tiktaalik*)이라는 이름을 붙였다. 최초로 발견된 이후 10개의 독립적인 **틱타알릭**이 발견되었다.[6]

틱타알릭은 믿기 힘든 발견물로서 중간 또는 과도기 동물의 놀라운 예였다. **틱타알릭**은 확실한 어류로서 오늘날 존재하고 있는 폐어와 밀접한 관련이 있다. **틱타알릭**에게는 지느러미, 아가미, 폐와 비늘이 있다. 그러나 **틱타알릭**은 육지에서 사는 네발 동물의 특질들도 지닌 물고기였다. **틱타알릭**은 목과 어깨가 있어서 머리를 움직일 수 있는 물고기였다. **틱타알릭**은 공기 호흡을 뒷받침할 수 있는 튼튼한 갈비들과 어류에서 흔하게

---

6   Donald R. Prothero, *The Story of Life in 25 Fossils* (New York: Columbia University Press, 2015), 111-24.

발견되는 것보다 강건한 골반이 있는 물고기였다. 그리고 주목할 만하게도 틱타알릭의 앞 지느러미는 인간을 포함한 모든 네발 동물에게서 나타나는 것과 똑같은 골격 구조―뼈 한 개에 이어 뼈 두 개 그리고 (손목뼈들을 포함하여) 많은 작은 뼈들과 원시적인 손가락뼈들―를 갖고 있었다. **틱타알릭**은 손목과 목이 있는 물고기였고 지느러미들로 체중을 받치고 얕은 물에서 걸을 수 있었을 가능성이 있지만 그것들이 육지에서 걸었을 것으로 보이지는 않는다.

우리가 이해해야 할 중요한 점이 있는데 그것은 **틱타알릭**은 우리의 관점에서만 "과도기" 또는 "중간" 동물이라는 것이다. 당시에 그것은 그 시기의 주인공이었다. 그것은 단지 그 동물이었다. 그것의 원시 네발 동물 (다리가 넷인 동물) 특질이 그것에게 유리한 요소가 되어서 그것이 생존했다. **틱타알릭**은 앞 지느러미들을 사용해서 얕은 물 위로 몸을 세우고 목을 사용해서 주위를 둘러볼 수 있었다. 우리는 우리의 관점에서만 **틱타알릭**을 물에서 육지로 이동하는 스냅 사진인 과도기 종으로 볼 수 있다.

우리가 이해해야 할 두 번째 중요한 점이 있다. **틱타알릭**은 일반적인 물고기에서 하루아침에 태어난 "빠진 고리"가 아니다. **틱타알릭**은 네발 동물의 다리의 진화의 주목할 만한 스냅 사진이지만 그것은 연속체의 일부다. **틱타알릭**이 포함된 암석보다 약간 오래된 암석에서 아마도 약간 퍼덕거릴 수는 있지만 몸을 지탱할 수 있을 만큼 충분히 움직이지는 못하는 원시적인 평평한 머리와 원시적인 앞다리 뼈들이 있는 폐어가 발견된다. **틱타알릭**이 발견된 암석보다 약간 젊은 암석에서 발견되는 동물들도 여전히 물고기이지만 확실한 수족들을 갖고 있다. 좀 더 젊은 이 동물들에게서 우리는 **틱타알릭**에서 보았던 수족 뼈들(뼈 한 개와 뼈 두 개 그리고 손목뼈들)을 발견할 뿐만 아니라 손가락으로 끝나는 수족들도 발견한다. 몇몇 동물들은 물속에서뿐 아니라 육지에서도 들을 수 있는 귀를 갖고 있었다.

계속 앞으로 시간 여행을 하면 우리는 물고기와 비슷한 네발 동물을 발견하지만 그것들에게는 더 이상 아가미나 비늘이 없다. 그런 화석이 발견되는 암석이 오래된 것일수록 그 동물은 좀 더 어류 같고 덜 양서류 같다. 암석이 젊을수록 그 안에서 발견되는 화석 동물은 더 양서류 같고 덜 어류 같다. **틱타알릭**과 그것보다 좀 더 오래된 물고기 친척 및 좀 더 젊은 물고기 친척은 물에서 사는 어류에서 네발 동물들이 최초로 출현했을 때 그것들이 육지에서 살기 위해 사용한 많은 특질을 말해준다.

그리고 그런 식으로 계속 진행된다. 최초의 파충류는 양서류의 많은 특질을 지녔다. 최초의 포유류는 파충류와 비슷했다. 흥미롭게도 원시적인 특질들이 항상 사라지는 것은 아니다. 내가 가장 좋아하는 예는 현대 오스트레일리아의 단공류인데, 그것들은 아직도 그것들의 파충류 조상들처럼 가죽처럼 질긴 껍질로 덮인 알을 낳는 포유류다.

우리가 고대의 어류로부터 현대의 사지 포유류에 이르는 단순한 직선 경로를 상상할 유혹을 받기 쉽다. 실제로는 진화의 시간에서 다른 동물들로부터 갈라져 수백만 년 동안 번성하다 멸종한 많은 가지가 있었다. 우리가 보는 현대의 네발 동물들은 그럭저럭 살아남은 고대의 계통의 자손들이다. 더구나 폐어의 모든 계통이 네발 동물로 진화한 것은 아니다. 현대의 폐어는 네발 동물의 특질로 진화하지 않은 계통의 자손들이다.

과학 이론의 강점은 그것의 예측 능력에 놓여 있다. 진화 이론에 따르면 우리는 화석 기록에서 갑작스러운 도약이 아니라 미묘한 변천을 보리라고 예상할 것이다. 진화 이론을 이용해서 우리는 그런 과도기 형태가 어디에서 발견될 것인지 예측할 수 있다.

확실히 우리는 바로 그런 결과를 목격하고 있다. 닐 슈빈이 물과 육지 사이의 과도기 동물 화석을 찾으러 갔을 때 그는 진화 이론이 그것이 발견되리라고 예측한 바로 그 지점에서 그것을 발견했다.

깃털이 달린 날짐승들

수백 년 동안 독일 남부의 졸른호펜에서 캐낸 석회암은 대리석 같은 아름다움으로 매우 가치 있게 여겨졌다. 로마인들은 그것을 건축과 도로포장에 사용했으며 그것은 오늘날에도 유럽 전역의 호화로운 건물을 장식한다. 18세기에 대량 생산 도해(illustration)를 위해 새롭게 떠오르는 기술로서 석판 인쇄가 인기가 있었다. 그리고 석판 인쇄공들은 석판 인쇄를 할 때 표면이 부드럽고 흠이 없는 졸른호펜에서 나온 석회암을 높이 평가했다.

쥐라기(2억-1억 5,000만 년 전) 동안 독일 남부는 얕은 바다로 덮여 있었고 졸른호펜 지역에 열대 또는 아열대 석호의 네트워크가 펼쳐져 있었다. 미생물 플랑크톤 껍데기들이 고요하게 비처럼 분지 바닥에 꾸준히 떨어져 궁극적으로 아름다운 석회암으로 굳어졌다. 작은 껍데기들은 떨어지면서 석호들이나 주위의 육지에서 나온 부유물들을 덮었다. 이 고요한 석호들 바닥의 물은 잔잔했고 소금기가 있었으며 정체되었고 따라서 산소가 매우 부족했다. 산소가 부족한 물에 묻힌 동물들의 유해는 청소동물들에 의해 훼손되지 않았을 것이고 따라서 그것들은 처음에 묻힌 상태 그대로 매장되어 있었다.

채석공들이 석회암 판들을 점검하고 석판 인쇄를 위해 가장 흠이 없는 것들을 따로 떼어놓을 때 그들은 수집가들을 위해 아름답게 보존된 화석들도 따로 떼어놓았다. 1860년에 현대 조류의 날개깃과 거의 동일한, 완벽하게 보존된 깃털 하나가 발견되었다. 머지않아 이 깃털이 속했던 종의 완벽한 골격들 다수가 발견되었다. 그 화석들은 놀랍도록 상세하게 돌에 새겨진 아름다운 자국이었다.

그 안에서 그것이 발견된 돌을 기념하여 그 종에게 **아르카이옵테릭스 리토그라피카**(*Archaeopteryx lithographica*)라는 이름이 주어졌다. **아르카이옵테릭스**(시조새)는 날개가 있었고 깃털로 덮였으며 차골(furcula, 우리가 창사골[wishbone]이라고 부르는 융합된 쇄골[collarbone])을 갖고 있었다. 이것은 새다. 그렇지 않은가?

그러나 **아르카이옵테릭스**는 완전한 치아 세트, 뼈가 있는 긴 꼬리, 날개 끝의 발톱들, 공룡 유형의 척추, 뒷다리에 굉장한 발톱을 갖고 있었다. **아르카이옵테릭스**는 공룡의 특질과 현대 조류의 특질의 아름다운 혼합이었다. 처음에는 "최초의 새"라며 환영을 받았던 **아르카이옵테릭스** 이후 깃털이 달린 다른 공룡들이 많이 발견되었다. 중국은 1990년대 이후 깃털 달린 공룡 발굴의 보고였다. 일부는 좀 더 공룡 같고 일부는 좀 더 조류 같으며 일부는 **아르카이옵테릭스**처럼 그 중간 형태다.

아르카이옵테릭스는 자고새들에게서 볼 수 있는 바와 같이 짧은 거리를 퍼덕이며 날 수 있었을지도 모르지만 비행에 적합한 신체 구조는 아니었던 것으로 보인다.[7] 깃털들은 **아르카이옵테릭스와** 현대의 새뿐만 아

---

7 **아르카이옵테릭스**에 관한 추가적인 내용은 Michael Greshko, "This Famous Dinosaur

니라 두 다리로 걷는 공룡들과 **티라노사우루스 렉스**도 포함하는 그룹인 공룡들의 한 분지(branch)인 수각룡의 표준적인 구조였던 것으로 보인다. 깃털들은 파충류의 비늘들과 동일한 물질로 만들어진다.

처음에는 깃털들이 새들의 비행에 매우 중요하다고 생각되었다. 그러나 두 발로 걷는 공룡들에게서 발견된 깃털들은 확실히 비행을 위한 것이 아니다. 날지 않는 동물들에게 깃털이 무슨 소용이 있는가? 현대의 새들은 확실히 깃털들을 비행에 사용하지만 깃털들은 따뜻한 절연 외피도 제공한다. 현대의 많은 새는 생생한 색상, 오색 빛 광채, 화려한 깃털 부채꼴 춤을 보여주는 정교한 구애 표시로 유명하다. 깃털들은 비행 전에 보온이나 구애 표시 또는 두 가지 모두를 위해 진화했다.

화석 기록에서 공룡에서 새로의 진화는 아주 매끄럽다. 공룡에서 새로의 진화는 매우 잘 입증되어서 현대의 분류 체계는 이제 새들을 좀 더 넓은 파충류 그룹 안에서 공룡 분지에 위치시킨다. 특히 새들은 수각룡 분지에 속한다. 현대의 많은 생물학 책들과 교과서들은 새들을 "조류 공룡"으로 부르고 전통적인 공룡들을 "비조류 공룡"으로 부른다. 당신의 추수감사절 공룡 요리를 즐겨보라!

바다로 돌아가다

약 5,000만 년 전에 늑대 크기의 육식성 동물이 현대의 파키스탄 지역의

Could Fly—But Unlike Anything Alive Today," *National Geographic*, March 13, 2018, https://www.nationalgeographic.com/news/2018/03/archaeopteryx-flight-dinosaurs-birds-paleontology-science/를 읽어라.

얕은 바다 해안에서 먹이를 찾아 배회하고 있었다. 그것의 뼈들을 화학적으로 분석해보니 물고기가 그것의 주된 먹이였음이 드러났다. 그것의 화석화된 골격은 육지에 거주하는 늑대 같은 다른 동물들처럼 보이지만 그것의 두개골은 매우 컸다. 그것의 머리는 상당히 길었고 긴 주둥이 끝에 콧구멍이 달려 있었다. **파키케투스**(*Pakicetus*)를 만나보라.

하지만 가장 큰 놀라움은 **파키케투스**의 두개골 내부에 숨겨져 있었다. 두꺼워진 뼈 덮개가 그것의 중이(middle ear)를 둘러쌌다. 그 구조 자체가 이전에 보지 못했던 것은 아니었다. **골구**(*involucrum*)라 불리는 이 골질의(bony) 귀 구조를 가진 특별한 포유류 그룹이 있다. **파키케투스**가 발견될 때까지는 이 포유류 그룹만 골구를 가진 것으로 알려졌다.

다리가 네 개이고 늑대와 비슷하고 육지에 사는 포유류 동물이 고래의 독특한 귀 구조를 가졌다! 오직 고래(현생 고래 및 멸종한 고래)만 배타적인 "골구 클럽"에 속한다.

다른 "걸어 다니는 고래들"이 발견되었는데 그것들 대다수는 파키스탄과 그 주위에서 발견되었다. 수백만 년 후에 나타난 악어 비슷한 **암불로케투스**(*Ambulocetus*)는 좀 더 크고 길었으며(약 3.5미터) 고래 형태의 긴 머리를 가졌다. **암불로케투스**는 튼튼한 다리 및 아마도 헤엄치는 데 사용된 물갈퀴 같은 발과 근육으로 된 큰 꼬리를 가졌다. 뼈를 분석해보니 그것은 민물과 바닷물을 모두 마신 것으로 보였는데 이 점은 그것이 민물과 바다 사이의 강어귀나 만에서 살았을 가능성이 있음을 암시한다.

그 후 1,000만 년 동안 고래들은 물속 생활에 점점 더 적응했다. 콧구멍들이 점점 더 주둥이의 위로 올라가 호흡하기 위한 분수 구멍을 만들었다. 몸통이 엄청나게 길어졌고 꼬리는 현대의 고래들에게서 보이는 형태를 얻었다. 고대 고래들의 몇몇 계통에서는 이빨들이 줄어들었고 대다수의 현대 고래들에게서 발견되는 여과 섭식(filter-feeding)의 최초의 증거가 발견된다.

4,000만-3,300만 년 무렵에는 숨겨진 다리들이 크기가 대폭 줄어들어 작아지고 기능을 수행하지 않게 되었다. 나는 자연사 박물관에서 현대의 고래를 진열한 전시물을 가장 좋아하는 데 특히 매달린 고래 골격을 좋아한다. 가장 큰 고래들은 복부에 아무 데도 부착되지 않은, 쓸모없는 작은 골반을 갖고 있다. 박물관 진열 시 쓸모없는 골반은 대개 고래 아래의 얇은 철사에 매달려서 고래들이 걸었던 때를 상기시켜준다.

고래 화석 기록은 사지 육상 포유류에서 현대의 고래로 곧바로 행진하지 않는다. 현대의 고래들(돌고래 포함)은 땅 위를 걷고 강둑을 돌아다니고 민물, 강어귀, 바다를 헤엄쳤던 포유류 무리로부터 유래했는데 각자 자신의 장소와 시기에 적응했다. 그러나 우리의 관점에서 볼 때 우리는 중요한 과도기적 동물들을 적시할 수 있다. 그것들은 사지 육상 포유류에서 수륙 사냥 동물을 거쳐 마침내 완전한 해양 거주자로 변했다.

1990년대에 유전자 검사를 통해 현대의 고래들은 낙타, 양, 하마, 영양처럼 짝수 발굽을 가진 동물인 우제 동물과 가장 가깝다는 것이 밝혀졌다. 놀랍게도 현대의 고래, 돌고래, 하마는 매우 가까운 연관 관계가 있어서 그것들은 같은 목에 분류된다. 분자생물학자들은 1990년대에 줄곧 그것들의 유전적 연관성을 계속 확인했지만 놀랍게도 고생물학자들은 화석 기록으로부터 고래가 우제 동물과 관련이 있다는 것을 확인할 운이 없었다.

주지하다시피 우제 동물은 발목에 이중 도르래 모양의 매우 독특한 뼈를 갖고 있다. 모든 우제 동물은 이 독특한 발목을 갖고 있다. 물론 발목이 없는 현대의 고래와 돌고래를 제외한 모든 우제 동물이 말이다.

그리고 기원후 2000년 이전에 걷는 원시 고래 화석들이 많이 발견되었지만 완전한 다리들을 가진 것들은 발견되지 않았다. 하지만 2000년 이후 완전히 발달한 뒷다리와 완전한 이중 도르래 모양 발목을 가진 사지 화석 고래들이 다수 발견되었다. 진화 이론은 고생물학자들이 유전자 분석을 사용해서 원시적인 걷는 고래들에게서 그런 발목이 발견되리라고 정확히 예측하게 해주었다.[8]

가지가 많은 계통수

1,000년 전부터의 당신의 많은 조상을 식별할 수 있고 그들에게서 나온 모든 후손을 알 수 있다면 당신은 그 시기까지 소급하는, 당신의 모든 조상을 표시한 계통수(가계도)를 구성할 수 있다. 그 나무는 많은 가지가 여러 방향으로 자라고 있을 것이다. 당신은 매우 먼 조상으로부터 당신에 이르기까지의 직계 계보를 추적할 수 있겠지만 당신의 가계도의 대다수는 방계 친척들―고모, 숙부, 사촌 등―로 차 있을 것이다.

먼 과거로부터 당신에 이르기까지의 가계도는 여러 방향으로 퍼져 있을 것이고 몇몇 가지들은 꽉 차 있고 몇몇 가지들은 듬성듬성하며 많은 가지는 끝이 죽어 있을 것이다. 당신의 방계조상 중 자녀를 낳기 전에 죽

---

8   추가로 고래의 진화에 관한 다음 문헌을 보라. Kate Wong, "Whence Whales?," *Scientific American*, September 24, 2001, https://www.scientificamerican.com/article/whence-whales/.

은 사람이 많을 것이고, 자녀를 낳기는 했으나 그들의 모든 후손이 죽은 조상도 있을 것이다. 당신의 가계도의 그런 가지들은 당시와 현재 사이의 어느 곳에서 끝난다.

진화는 한 조상으로부터 현대의 종까지 시간상으로 곧게 행진하는 직선이 아니다. **틱타알릭**이 최초의 네발 동물의 직접 조상이었는가? 그렇지 않았을 것이다. 아마도 **틱타알릭**은 네발 동물에 이르는 계통수에서 친척이었을 것이다. **틱타알릭**은 우리에게 물고기에서 네발 동물에 이르는 진화의 일반적인 경로에 관해 말해준다.

과도기 동물들이 직접 조상임을 의미하지는 않는다.

인도히우스(Indohyus)와 **파키케투스** 모두 고래들이 육지에서 걸었을 때의 고래 계통수에 존재한다. **인도히우스**는 고래들에 독특한 귀 뼈를 갖고 있었지만 그것은 소형 초식 동물이었다. **파키케투스**는 좀 더 크고 좀 더 고래와 비슷했다. 그러나 놀랍게도 좀 더 원시적인 **인도히우스**가 좀 더 고래와 비슷한 **파키케투스**보다 후에 나타났다. 진화에 관한 아무것도 좀 더 원시적인 형태의 동물이 좀 더 현대적인 특질을 가진 동물이 나타난 후나 그런 동물과 더불어 사는 것을 막지 않는다. **인도히우스**와 **파키케투스** 모두 과도기 동물이지만 그것들 중 어느 하나가 현대의 고래의 직계 조상일 가능성은 별로 없다. **인도히우스**와 **파키케투스**는 고래 계통수에서 친척 관계이며, 우리에게 육지에서 바다로 가는 일반적인 경로에 관해 말해준다.

특정한 계통들 안에서 적합한 생물과 시작하는 생물이 있고, 성공과 실패가 있으며, 승자와 패자가 종종 겹친다. 현대적인 특질들을 지닌 종들이 조상의 유형들의 종들과 공존한다.

현대의 말은 "겹치는" 진화의 인상적인 예다. 말의 진화는 가장 잘 입증된 과거의 스냅 사진이다. 가장 현저한 요소는 몸집의 변화(작았던 것이 커졌다)와 발 구조의 변화(발가락이 세 개 또는 네 개인 발굽에서 발가락이 한 개인 발굽으로 변했다)다. 지난 5,000만 년 동안 몸집이 작고 발가락이 여러 개인 발굽을 가지고 달리던 동물에서 몸집이 크고 발가락이 하나인 발굽을 가지고 질주하는 동물로 변하는 추세가 있었지만, 말의 다양한 계통이 서로 겹쳤다. 말 계통수의 분지들(소형, 중형, 대형)이 수백만 년 동안 살고 번성하다 멸종했다. 오늘날에는 현대의 말속(얼룩말 포함)인 **에쿠스**(*Equus*)만 존재한다.

진화가 사실이 아니고 모든 생물이 일주일 동안 특별하게 창조되었다면 우리가 화석 기록에서 무엇을 보리라고 예상하겠는가?

우리가 현재 보고 있는 것을 보리라고 예상하겠는가?

오케스트라 지휘

오늘은 새로운 심포니 시리즈를 발표하는 날인데 그 프로그램에는 마지막 순간의 변경이 있었다. 당신은 가장 가까운 곳에 있는 트럼본 연주자의 귀에 프로그램 변경을 속삭이거나 그 변경을 지휘자의 귀에 속삭일 수 있다. 당신은 누구를 선택하겠는가? 물론 지휘자를 선택할 것이다. 한 번의 움직임으로 극적인 효과를 내기 원한다면 당신은 그 행동을 총괄하는 사람에게 간다.

찰스 다윈은 캄브리아기 화석층에서 새로운 많은 동물 형태가 (외관상) 갑작스럽고 극적으로 출현한 데 당황했다. 다윈은 캄브리아기보다 오래된 화석들이 발견되기 전에 살았고 현대 유전학의 시대 전에 살았다는 불리한 조건에 처해 있었다.

신기한 구조와 새로운 신체 계획의 진화는 여전히 우리 중 많은 사람을 당황하게 한다. 그리스도인 변증가이자 저자인 프랭크 투렉(Frank Turek)은 "캡처링 크리스채너티"(Capturing Christianity) TV 프로그램과의 2020년 인터뷰에서 "유전자 코드를 취해서 그것을 변경함으로써 새로운 신체 계획을 얻을 수 없다"라는 대담한 진술을 한다.[9]

캄브리아기에서 나타나는 "갑작스러운" 다양화는 종종 특별한 창조의 증거로 여겨진다. 그 논증에 따르면 6일 동안의 창조 주간에 하나님에 의해 개별적으로 설계된 캄브리아기의 생물들에게는 화석 기록에서 어떤 조상도 나타나지 않는다. 선캄브리아기 화석들이 존재하지만 그 화석들은 창조론자들의 논의에서 무시되거나 경시되고 그럼으로써 캄브리아기 화석들의 "갑작스러움"을 한층 더 강조한다. 캄브리아기 뒤에 나타나는 다른 신기한 구조나 새로운 신체 유형들(고래의 신체나 다리가 없는 뱀 등)도 마찬가지로 특별한 창조의 결과다. 창조론자/지적 설계 모델에 따르면 하나의 유전자에 무작위적으로 일어나는 돌연변이들은 우리가 기관, 조직, 신체에서 보는 극적인 변화를 만들어낼 수 없었다.

19세기가 공학과 화학의 세기였고 20세기가 물리학의 세기였다면 21세기는 생물학의 세기로서 힘차게 전진하고 있다. 생물학의 왕조는 현대 유전학에서 가장 명백하다. 우리는 1952년 이후 DNA가 생명을 조성

---

9 Frank Turek, Capturing Christianity 프로그램의 카메론 베르투지(Cameron Bertuzzi)와의 인터뷰에서 한 말: *Dr. Frank Turek Answers Questions on Evolution, Apologetics, and Memes*, April 20, 2020, https://youtu.be/5JBDTUqOs6w.

하기 위한 지시를 지니고 있음을 알게 되었다. 유전자 지도의 도래로 우리의 지식이 폭발하고 있고 응용 기술이 새로운 지식을 바짝 뒤따르고 있다.

놀랍게도 한 유기체에 존재하는 DNA의 양은 복잡성과 상관관계가 없다. 인간의 DNA 수는 단순한 편형동물이나 파리의 DNA 수와 거의 같다. 쌀과 옥수수의 유전자 수는 인간의 유전자 수의 두 배가 넘는다. 유전자의 절대다수는 우리 몸의 조립 단위인 단백질을 암호화(coding)하지 않는다. 인간에게서 단백질을 암호화하는 DNA는 2퍼센트 미만이다.[10] 그렇다면 다른 98퍼센트에서는 무슨 일이 일어나고 있는가?

98퍼센트는 오케스트라를 지휘하고 있다.

우리가 처음에는 (그리고 그릇되게) "정크 DNA"로 불렀던 DNA들은 전혀 쓰레기가 아니다. 이 유전자들은 신체의 조립 단위인 단백질을 암호화하는 것이 아니라 신체가 어떻게 종합될 것인지를 제어한다.

파리, 쥐, 인간 같은 다양한 동물들에게서 발견되는 제어 유전자들의 한 그룹은 머리에서 꼬리까지의 조직화를 조정한다.[11] "이쪽 끝에 머리를 두라! 그쪽 끝에 꼬리를 두라! 중간에 몸을 두라!" 유전자들의 다른 그룹은 다리의 수와 배치를 제어한다. 다른 그룹은 시기를 제어한다. 그것들은 발달의 다양한 시기에 유전자들의 "켜짐"이나 "꺼짐"의 전환을 책임진다.

캄브리아기와 그 이후의 엄청난 다양성 증가는 더 이상 신비가 아니다. 다리가 발달하는 동안 제어 유전자가 꺼져 다리가 많은 갑각류에서 다리가 여섯 개인 곤충이 나왔다. 수족 발달에서의 시기 변화로 육지에서 사

---

10 Neil Shubin, *Some Assembly Required* (New York: Pantheon, 2020), 75-77.

11 Shubin, *Some Assembly Required*, 75-77.

는 네발 달린 조상에서 점차 지느러미 같은 앞다리가 있고 궁극적으로 뒷다리가 없어진 후손이 나왔다.

단백질을 만드는 유전자 하나에서 일어난 돌연변이는 이롭거나 해롭거나 중립적일 수 있다. 강력한 제어 유전자에서 일어난 돌연변이도 중립적일 수 있지만 그 결과는 극적일 수도 있다. 잘못된 시기에 켜지거나 꺼진 제어 유전자나 잘못된 장소에 켜진 제어 유전자는 새로운 구조를 만들거나 기존 구조에 새로운 기능을 만들 힘이 있다.

이보다 더 멋질 수 있는가? 우리는 이런 제어 유전자들의 버전이 모든 동물에게서 발견된다는 것을 안다. 예를 들어 보자. 뱀들에게서는 다리 발달을 제어하는 유전자들이 꺼진다(그 점에서는 놀랄 것이 없다). 연구자들은 생쥐에게서 다리를 제어하는 유전자를 뱀의 다리를 제어하는 유전자로 바꿔 놓았다. 그 결과로 어떤 후손이 나왔겠는가? 머리와 꼬리는 있지만 다리는 없는 생쥐가 나왔다.[12]

공통 조상에서 닮지 않은 종들이 진화한 것을 수용하기 어려워하는 사람이 많다. 제어 유전자를 더 많이 알수록 우리는 그 일이 어떻게 일어났는지를 더 잘 이해하게 된다.

---

12   Ed Yong, "What a Legless Mouse Tells Us about Snake Evolution," *Atlantic*, October 20, 2016, https://www.theatlantic.com/science/archive/2016/10/what-a-legless-mouse-tells-us-about-snake-evolution/504779/.

Baby Dinosaurs
on the Ark?

10장

전부 아니면
아무것도 아니다

지적 설계

바지에 진흙이 묻었던 자국이 있고 여기저기 구멍이 뻥뻥 뚫려 있는데 종일 일한 데서 비롯된 땀 냄새는 없었다. 이 바지는 날마다 도랑에서 허리까지 차오르는 흙과 오물에 쌓여 이마에 땀을 흘림으로써 생계를 유지하는 노동자의 것이다. 이 바지는 그것을 입은 사람이 고되고 더러운 육체노동을 한 것을 증언한다.

이 바지의 모든 세부사항은 이 옷의 주인이 오랫동안 고되고 더러운 육체노동을 했음을 암시하지만, 이 바지는 사실 신상품이다. 여분의 돈 425달러만 있으면 누구나 이 바지를 살 수 있다.

노드스트롬 백화점에서 판매하는 이 신상품 바지는 사실 그 옷을 입고 일한 역사가 없다. 그것은 단지 그것을 입고 오랫동안 일한 것처럼 보이도록 디자인되었을 뿐이다. 노드스트롬은 그들의 눈치 없는 "패션 성명서"로 인해 조롱을 받았는데 "더러운 일"(Dirty Job) 프로그램의 마이클 로(Mike Rowe)보다 더 신랄하게 논평한 사람은 없었다.

"마침내 더러운 일을 하는 누군가에 의해 닳아 빠진 것으로 보이는데…그런 일을 하지 않는 사람들을 위해 만들어진 바지가 나왔다."[1]

---

1   Travis M. Andrews, "Nordstrom Selling Jeans Caked in Fake Dirt for Hundreds of Dollars," *Washington Post*, April 26, 2017, https://www.washingtonpost.com/news/morning-mix/wp/2017/04/26/nordstrom-is-selling-jeans-caked-in-fake-dirt-for-hundreds-of-dollars/.

너무 높은 가격

많은 신앙인에게 있어서 전통적인 젊은 지구 창조론은 너무 높은 지적 가격을 요구하는데 그것은 주로 젊은 지구 창조론이 우주의 나이가 6,000-10,000년일 것을 요구하기 때문이다. 젊은 우주와 젊은 지구는 현대 지질학, 현대 물리학, 화석 기록의 연속적 성격을 일축할 것을 요구하는데 많은 사람에게 있어서 그것은 건너기 어려운 머나먼 다리다. 많은 종교 진영에서 "창조론"과 "창조과학"이 버려지고 지적 설계 모델로 대체된다. 지적 설계 모델에는 과학 어휘와 복잡한 개념들이 주입되어 있으며 그것은 물리학이나 지질학에서 나온 증거에 이의를 제기하지 않는다. 지적 설계 모델은 지구 나이에 대한 증거와 생명의 역사적 순서로서의 화석 기록을 받아들인다.

진화 자체가 문제다. 지적 설계 모델에 따르면 인도되지 않은 자연 과정은 결코 우리가 생명에서 보는 얽히고설킨 복잡성을 만들 수 없었다. "지적인 설계자"만이 그처럼 멋진 복잡성을 만들어낼 수 있었다. 그 이름 없는 설계자가 각각의 유기체를 모든 세부사항과 측면에서 특별하게 설계했다(창조했다). 대다수 지적 설계 간행물에서 그 설계자가 결코 명시되지 않지만 의심할 나위 없이 그 신비한 설계자는 성경의 하나님이다.

공통 조상을 암시하는 증거는 오래 입은 것처럼 보이지만 사실은 그렇지 않은 비싼 바지처럼 설계자에 의해 의도적으로 덧붙여진 설계의 일부라며 무시된다. 대다수 지적 설계 옹호자들은 **소진화**(종에서의 작은 변화들로 새들에서 나타나는 부리 형태 같은 적응을 허용한다)에 동의하지만 **대진화**(공통 조상으로부터의 종들의 유래)를 부인한다.

지적 설계 운동의 간략한 역사

1987년 판결(에드워드 대 아귈라드 재판, *Edwards v. Aguillard*)에서 미국 대법원은 창조과학은 종교 교리이며 따라서 공립학교의 과학 커리큘럼에서 설자리가 없다고 판결했다. 창조론은 공립학교 교실에서 약해졌지만 사라지지는 않았다.

창조론자들은 조직을 정비했는데 그 과정에서 지적 설계 운동이 탄생했다. 그 운동의 대부는 버클리 대학교의 은퇴한 법학 교수 필립 존슨(Phillip Johnson)이었다. 존슨은 과학 교육을 조금도 받지 않았지만 진화에 의심의 눈초리를 보냈다. 그는 자기의 주장에 대해 어떤 증거나 이론도 제시하지 않았고 그것을 증명하지도 않았으며 그저 (자기가 본 대로의) 진화의 문제들만 제시했다. 존슨의 접근법은 변호사의 반대 신문이었다. 그는 자기의 주장을 증명하려고 하지 않았다. 그는 의심을 뿌리기만 하면 되었다. 1991년에 발행된 그의 책 『심판대의 다윈』(*Darwin on Trial*)은 진화에 반대하는 사람들의 열정에 다시 불을 붙였다. 존슨은 이렇게 선언했다. "과학은 다윈주의자의 시나리오를 완성하는 데 요구되는 형태와 기능 면에서의 거대한 변화를 달성할 수 있는 어떤 기제도 알지 못한다."[2]

생화학자 마이클 비히(Michael Behe)가 1996년에 『다윈의 블랙박스』(*Darwin's Black Box*)라는 책을 발간해서 지적 설계 운동의 리더가 되었다.[3]

---

2 Phillip E. Johnson, *Darwin on Trial* (Washington, DC: Regenery Gateway, 1991), 98. 『심판대의 다윈』(까치 역간).

3 Michael J. Behe, *Darwin's Black Box* (New York: The Free Press, 1996). 『다윈의 블랙박스』(풀빛 역간).

비히가 진화에 대해 논쟁하는 요소는 주로 생명의 정교한 세부사항인 세포와 생화학적 기능에 관한 것이다.

비히에 따르면 생화학적 시스템들과 세포 구조들은 매우 복잡해서 어떤 자연 과정도 그것들을 만들어낼 수 없었다. 생화학적 경로에서 한 단계를 제거하거나 셀 방식의 기계에서 작은 조각을 제거하면 시스템 전체가 붕괴한다. 생물학적 루브 골드버그 장치와 마찬가지로 분자와 세포 과정들이 작동하기 위해서는 각각의 조각과 부분이 모두 동시에 존재해야 한다.[4] 한 시스템의 중간 형태는 기능하지 않을 것이다. 지적 설계는 전부 아니면 아무것도 아니다. 비히는 자신의 "전부 아니면 아무것도 아니다"라는 개념을 묘사하기 위해 **환원불가능한 복잡성**(irreducible complexity)이라는 말을 만들었다(이 용어는 "축소불가능한 복잡성"으로 번역해야 정확하지만 우리나라에서는 이미 고유명사처럼 굳어져 있는 현실을 감안하여 환원불가능한 복잡성으로 번역함, 역자주). 환원불가능한 복잡성은 지적 설계 운동의 중심 개념이 되었다(그리고 현재도 지적 설계 운동의 중심 개념으로 남아 있다).

2005년에 또 하나의 획기적인 과학 수업 시간에 다뤄질 내용에 관한 재판(키츠밀러 대 도버 재판, *Kitzmiller v. Dover*)이 미국 펜실베이니아주 연방 법원에서 열렸다.[5] 이번에는 지적 설계가 법정에 섰다. 펜실베이니아주 도

---

4   루브 골드버그 장치는 일련의 단계들로 구성되어 있으며 모종의 과업을 완수하기 위해 각각의 단계가 다음 단계에 의존한다. Wikipedia, s.v. "Rube Goldberg machine," November 18, 2020 최종 수정 시각 22:44(UTC), https://en.wikipedia.org/wiki/Rube_Goldberg_machine.

5   노바(NOVA)는 키츠밀러 대 도버 재판에 관한 다큐멘터리 프로그램 *Judgement Day: Intelligent Design on Trial*, https://www.pbs.org/wgbh/nova/video/judgment-day-intelligent-design-on-trial/을 제작하여 상을 받았다.

버 교육위원회는 과학 시간에 진화와 더불어 지적 설계가 다뤄질 것을 요구했다. 위원회 측 증인들은 지적 설계가 과학이며 따라서 공립학교에서 적법하게 가르쳐질 수 있다고 주장했다. 도버 교육위원회는 지적 설계 운동의 고등학교 생물 교과서인 『판다와 사람에 대해』(*Of Pandas and People*)를 채택할 계획이었다.

지적 설계 찬성자들의 목표는 지적 설계를 종교적 토대가 없는 적법한 과학으로 제시하는 것이었다. 마이클 비히가 지적 설계를 대표하는 핵심 증인이었다.

비히의 증언은 물론 환원불가능한 복잡성, 특히 면역 체계에 초점을 맞췄다. 비히에 따르면 면역 체계는 매우 복잡해서 작은 요소 하나만 빠지더라도 전체 체계가 쓸모없게 된다. 비히는 면역 체계에 대한 진화론적 설명은 결코 발견되지 않을 것이라고 장담했다. 그러자 비히에게 면역 체계의 진화를 설명하는, 동료 학자들의 심사를 받은 58편의 논문들과 교과서의 해당 장들이 제시되었다. 비히가 어떤 반응을 보였을까? "그것으로는 충분하지 않다"는 것이었다.[6] 비히는 궁극적으로 생물학적 시스템에서 설계를 입증하는, 적절한 동료 학자들의 심사를 받은 연구가 없다는 것을 인정했다.[7]

그 재판에서 최후의 일격은 제안된 교과서 『판다와 사람에 대해』(*Of Pandas and People*)에서 나왔다. 출판사들이 소환되고 그 교과서의 초안들이 제출되었다. 의심할 나위 없이 원래의 초안은 특별히 창조론을 가르치기

---

6 Kenneth R. Miller, *Only a Theory* (New York: Viking, 2008), 73.

7 Miller, *Only a Theory*, 178-79.

위해 쓰였다.

[공립학교] 교실에서 창조론을 가르치는 것을 금지한 1987년 판결 이후 『판다와 사람에 대해』 출판사들은 그 교과서의 새로운 버전을 만들었다. 도버 재판에서의 주요 증인 중 한 명이 초판에 들어있던 구절들과 개정판에서 동일한 내용을 다루는 구절들을 겹쳐 놓았다. 초판에서 "창조"나 "창조했다" 또는 "창조론"이라는 단어가 나올 때마다 개정판은 "설계"라는 단어의 형태로 대체했다. 다른 모든 부분은 똑같이 유지되었다.[8]

주심 판사는 조지 W. 부시(George W. Bush) 대통령에 의해 대법관에 임명된 보수적인 공화당원인 존 E. 존스 3세(John E. Jones III)였다. 존스 판사는 지적 설계가 적법한 과학의 기준을 충족하지 못하며 본질적으로 종교적이라고 판결했다. 따라서 공립학교에서 지적 설계를 가르치는 것은 미국 수정헌법 제1조 위반이다.[9]

공립학교에서 지적 설계를 공공연하게 가르치는 것은 (현재로서는) 법원들에서 정리되었지만, 대개 주와 지방 교육구의 교육위원회 차원에서 투쟁이 좀 더 미묘하게 계속되고 있다. 이런 교육 과정 전쟁들의 핵심은 "논쟁을 가르치라" 또는 과학 이론들의 "약점들을 가르치라"라는 어구들을 포함시키는 것이다. 아무도 세균 이론이나 중력 이론 또는 원자 이론의 약점이나 논쟁을 가르치는 것을 옹호하지 않는다. 문제시되는 이론이 명시적으로 언급되지는 않았지만 그들은 확실히 진화 이론을 겨냥하고

---

8   Miller, *Only a Theory*, 114-16.

9   Laurie Goodstein, "Judge Rejects Teaching Intelligent Design," *The New York Times*, December 21, 2005, https://www.nytimes.com/2005/12/21/education/judge-rejects-teaching-intelligent-design.html.

있다.

진화가 신이 없고 차갑고 부주의하고 무작위적인 것으로 묘사될 때
는(사실 종종 그렇게 묘사된다) 지적인 설계자에 의한 설계 개념이 매력적이
다. 그 대조는 우연에 의한 것이 아니다. 지적 설계 운동의 초기에 필립 존
슨은 자기의 속내를 털어놓았다. "목표는 다윈주의가 본질적으로 무신론
적임을 사람들에게 납득시키고 그럼으로써 논쟁을 진화론 대 창조론의
논쟁에서 하나님의 존재 대 하나님의 부존재로 옮기는 것이다."[10]

오래된 것처럼 보이도록 설계되었다

지적 설계는 화석 기록의 나이와 연대적 순서를 받아들인다. 순서는 받
아들여지지만, 유기체들은 화석 기록에서 갑자기 나타나고 마찬가지로
갑자기 사라지며 "과도기" 형태에 대한 증거도 별로 없이 갑자기 대체된
다.[11] 즉 설계자가 지구에서 살았던 모든 종을 반복적으로 특별하게 만들
었고 개별적으로 만들었다.

현생 꼬끼리의 두 종인 아시아코끼리와 아프리카코끼리의 진화를 고
려해 보라. 지난 5,000만 년 동안 300종이 넘는 장비목 동물(코가 긴 포유류)

---

10 Rob Boston, "Missionary Man," *Church & State Magazine*, April 1999, https://www.au.org/
church-state/april-1999-church-state/featured/missionary-man.

11 사우스웨스턴 하나님의 성회 대학교 채플에서의 스티븐 메이어의 발표: *Stephen Meyer
Explains Neo-Darwinism's False Beliefs-Part 1*, ThoughtHub, SAGU, April 17, 2018,
https://www.sagu.edu/thoughthub/thoughthub. David Klinghoffer, "Bechly: In the Fossil
Record, 'Abrupt Ap pearances Are the Rule,'" *Evolution News*, February 20, 2018, https://
evolutionnews.org/2018/02/bechly-in-the-fossil-record-abrupt-appearances-are-the-
rule/도 보라.

이 우리의 행성에 살았는데 몇몇은 돼지나 토끼만큼 작았다. 현대의 코끼리에 이르기까지 일직선으로 행진한 것이 아니었다. 대신 코끼리의 계통수에는 몸집의 크기와 코의 구조가 다양한 여러 분지가 존재한다. 코끼리 분지들이 종종 서로 겹쳤다. 지난 600만 년 동안 22개의 다른 종들이 살았다.[12]

마찬가지로 현대의 말들(얼룩말 포함)은 분지가 많은 계통수를 갖고 있다. 지난 5,300만 년 동안 소형, 대형, 중간 크기의 말들이 존재했었다. 숲에 적응한 말들도 있었고 삼림 지대에 적응한 말들도 있었고 사바나 대초원에 적응한 말들도 있었다.

지적 설계는 각각의 코끼리와 각각의 말들에 대해 그들 각각의 계통수에서 개별적이고 독립적인 설계가 있었다고 주장한다. 지적 설계는 각각의 코끼리와 말이 조상 종과의 관계가 없이 갑자기 지구에 출현했다고 주장한다. 지적 설계는 멸종한 종들과 현재 살아 있는 종들 사이에 실제로 관계가 있는 듯하게 보이는 것은 단지 그렇게 보이는 것일 뿐이라고 주장한다. 지적 설계에 따르면 조상을 공유하는 것처럼 보이는 것은 설계된 것이며 설계자 편에서의 창의적인 선택이다. 케네스 밀러는 자연의 역사의 사실들은 "진화를 흉내 낸 연속적인 형태들을 창조하는" 설계자를 요구한다고 주장한다.[13]

사실 화석 기록은 여러 종에 대한 많은 조상의 역사를 가지고 있다. 육기어류(lobe-finned fish)에서 네발 동물이 시작되었으며, 살아 있는 네발

---

12   Kenneth R. Miller, *Finding Darwin's God* (New York: Cliff Street Books, 1999), 96-98.

13   Miller, *Finding Darwin's God*, 99.

동물이든 멸종된 네발 동물이든 간에 각각의 모든 네발 동물에게서 동일한 수족 배열이 되풀이된다. 어떤 네발 동물—박쥐, 고양이, 새, 고래, 공룡, 개구리, 익수룡, 인간—이든 뼈 한 개, 뼈 두 개, 뼈 여러 개, 손(발)가락이라는 네발 동물의 수족 패턴의 동일한 버전을 보인다.

수족이나 손가락들이 때로는 줄어들거나 길어졌고 때로는 융합되었으며 때로는 상실되었지만, 각각의 모든 네발 동물에게서 동일한 수족 구조가 발견된다.

지적 설계는 살아 있는 네발 동물이든 멸종된 네발 동물이든 간에 모든 네발 동물에게서 보이는 공통적인 수족 패턴은 단순한 우연의 일치, 즉 설계자의 선택이라고 말한다. 그들의 주장에 따르면 그 수족 패턴은 수족이 넷이었던 공통 조상에게서 물려받은 것이 아니다. 즉 고래가 배아 상태일 때 자라는(그 후 재흡수되는) 뒷다리의 돌기는 설계된 특질이다. 고래에게는 손이 아니라 물갈퀴가 있지만 그 안에 다섯 개의 손가락뼈들이 있다. 지적 설계 모델이 따르면 이것 역시 설계자의 선택이다.

지적 설계는 이런 외관상의 관계가 비슷한 방식으로 비슷한 설계를 채택하는 공통적인 설계자의 흔적이라고 설명한다. 그 결과 종들은 사실은 그것들이 지니고 있지 않은 역사를 지닌 것처럼 보인다. 이번 장의 서두에서 언급된, 진흙이 묻었던 자국이 있고 해진 (신상품) 디자이너 바지처럼 말이다.

설계와 DNA

좀 더 깊이 들어가 보면 지적 설계에는 DNA 수준에 이르기까지 모든 수

준마다 곤란한 많은 문제가 있다.

비타민 C는 생명에 필수적이다. 다행히도 대다수 생물은 자신에게 필요한 비타민 C를 만들 수 있다. 그러나 원숭이, 유인원, 인간은 비타민 C를 만들 수 없고 그것을 음식물로부터 얻어야 한다. 비타민 C가 없으면 인간은 괴혈병이라는 고통스럽고 쇠약하게 하며 때로는 치명적인 병에 걸린다. 19세기 전에는 하루분 라임 주스가 필요한 비타민 C를 공급한다는 사실이 발견될 때까지 장거리를 항해하는 선원들은 특히 괴혈병에 취약했다.

GLO 유전자라 불리는 필수적인 유전자가 비타민 C를 만드는 것을 가능하게 해 준다. 인간, 원숭이, 유인원은 사실 자신의 DNA에 GLO 유전자를 갖고 있음에도 비타민 C를 만들지 못한다. 인간과 인간의 가까운 영장류 사촌들에 들어있는 GLO 유전자는 망가졌음이 밝혀졌다. 그 유전자는 전혀 기능을 수행하지 않는다. 더구나 인간, 원숭이, 유인원에 들어있는 GLO 유전자들은 똑같은 방식으로 망가졌다.

진화는 그 신비를 쉽게 설명한다. 포유류 계통수의 영장류 분지에 있는 한 조상에게서 GLO에 돌연변이가 일어나 그것이 작동하지 않게 되었다. 그 시점 이후 모든 후손이 그 유전자의 작동하지 않는 버전을 물려받았다. 지적 설계에 따르면 설계자가 인간, 원숭이, 유인원의 다른 부분에서는 기능을 발휘하는 DNA들에 의도적으로 똑같이 망가진 유전자를 포함시켰다.

GLO 유전자의 사례가 독특한 것은 아니다. 알을 낳는 동물들에게는 부화하기 전에 발달 중인 배아에 영양을 공급하기 위한 노른자를 만드는 유전자 세 개가 있다. 포유류 DNA는 노른자를 생산하는 유전자 세 개를 모두 갖고 있지만 세 개의 유전자들은 모두 망가져 있다. 이 사례에 대해서도 진화가 답을 제공한다. 포유류의 조상에게서 노른자를 만드는 유전자들에 돌연변이가 일어나 그 유전자들이 작동하지 않게 되었다. 그 시점 이후 모든 후손은 그 유전자들의 망가진 버전들을 물려받았다. 지적 설계에 따르면 설계자가 알을 낳지 않는 동물들의 DNA 안에 의도적으로 노른자를 만드는 유전자들의 망가진 버전을 삽입했다.

지적 설계는 인간과 다른 모든 유기체의 게놈들에 어지럽게 흩어져 있는 망가지고 기능을 수행하지 않는 수천 개의 유전자를 설계자가 다른 면에서는 기능을 수행하는 DNA에 고의로 삽입한 것이라고 설명한다. 그들에 따르면 기능을 하든 하지 않든 어떤 유전자가 공통 조상에게서 물려받은 것 같은 외관은 진화를 흉내 낸 설계다.

마이클 비히는 이 지점에서 전통적인 지적 설계 모델에서 (다소) 벗어난다. 많은 창조론자에게 당황스럽게도(비히는 그들에게 영웅이다) 비히는 "논쟁 목적"상 모든 생명의 공통 조상을 받아들인다. 그러나 그는 공통 조상이 "어떤 것을 설명한다"고 믿지 않는다.[14]

환원불가능한 복잡성: 자연의 루브 골드버그 장치

필립 존슨의 지적 설계 해석은 변호사적인 논증("설계는 설계자를 필요로 한다")에 의존하지만 마이클 비히의 버전은 훨씬 더 과학 용어에 뿌리를 두

---

14   David Klinghoffer, "Q&A with Behe: Your Thoughts on Common Descent?," *Evolution News*, November 27, 2019, https://evolutionnews.org/2019/11/qa-with-behe-your-thoughts-on-common-descent/.

고 있다. 비히의 지적 설계 방어는 생화학 경로들의 복잡성과 생물들에서 나타나는 복잡한 구조들에 의존한다. 비히에 따르면 시스템들의 모든 부분과 조각 그리고 단계와 구조들이 동시에 모두 갖춰져야 하며 그렇지 않으면 그 시스템은 기능을 수행하지 못한다. 마찬가지로 시스템을 구성하는 부분들과 조각들은 완전한 시스템과 별도로는 어떤 기능도 지니지 않는다. 루브 골드버그 장치와 마찬가지로 조각 하나만 떼어내도 전체 시스템이 무너진다. 비히는 따라서 자연 선택에 의한 단계적 진화는 결코 생명의 복잡성을 만들어낼 수 없었다고 주장한다.

지적 설계는 평범한 가정용 쥐덫을 환원불가능한 복잡성(irreducible complexity)에 대한 유비로 사용한다. 쥐덫은 약 네 개의 구성 부분으로 이뤄진 단순한 장치다. 그 부분들에서 하나(예컨대 용수철)를 빼내면 그 쥐덫은 쓸모없게 된다. 쥐덫이 설계된 목적—쥐를 잡는 것—대로 기능하기 위해서는 모든 구성 부분이 존재해야 한다.

세포 생물학자인 케네스 밀러(브라운 대학교)는 2005년의 키츠밀러 대 도버 재판(*Kitzmiller v. Dover* court case) 전부터 지적 설계에 반대하는 중심 인물이다. 밀러는 베스트셀러 생물학 교과서의 공동 저자이자 특별히 지적 설계를 다루는 두 책의 저자다. 밀러는 또한 교회에 출석하는 그리스도인이다.

밀러는 자기가 어릴 적에 실제로 겪었던 일을 통해 쥐덫 유비를 다룬다.[15] 밀러의 급우가 몇몇 부분이 빠진 망가진 쥐덫을 이용해서 종이를 씹어서 뭉친 볼 발사기를 만들어 체육관 바닥에서 발코니에 있는 학

---

15 Miller, *Only a Theory*, 54-55.

생들에게 축축한 볼을 쏘았다. 비록 핵심 부분들이 빠졌지만 그 "축소된"(reduced) 쥐덫은 쓸모없지 않았다. 그 축소된 쥐덫은 쥐를 잡지 못했지만 여전히 기능을 발휘했다. 그것은 이상적인 씹은 종이 볼 발사대였다.

쥐덫에 관한 한 환원불가능한 복잡성 개념은 실패하지만 쥐덫은 살아 있는 생물학적 시스템이 아니다.

왕가의 질병

영국의 빅토리아 여왕은 자녀를 아홉 명 낳았는데 그들은 모두 (19세기의 기준으로는) 놀랍게도 성인이 될 때까지 살아남았다. 빅토리아의 딸들은 유럽 전역의 왕족과 결혼했는데 왕족은 왕족과만 결혼했기 때문에 이런 결혼은 종종 상당히 가까운 친척 간의 결혼이었다. 빅토리아 여왕은 그 사실을 몰랐지만 그녀는 X 염색체 중 하나에 치명적인 유전자—혈액 응고 과정에 돌연변이가 일어난 유전자—를 지니고 있었다. 적절한 혈액 응고에서 이 중대한 단계가 빠지면 매우 위험할 수 있다. 빅토리아 여왕은 다행스럽게도 여성이었고 따라서 기능을 수행하는 혈액 응고 유전자를 지닌 두 번째 X 염색체를 갖고 있었다. 남성들은 X 염색체가 하나이기 때문에 그 망가진 유전자를 물려받을 경우 여성들 같은 운이 없게 된다.

그들 자신은 영향을 받지 않았지만 빅토리아의 딸들, 손녀들, 증손녀들은 그 망가진 유전자를 유럽 전역의 왕가들에 전달했다. 빅토리아의 아들 한 명과 손자 세 명을 포함하여 그녀의 많은 남성 후손이 어릴 때나 성인 시기의 초기에 출혈로 사망했다. 이 형태의 혈우병은 "X 염색체와 연결된" 질병이다. 여성이 그 질병 인자를 보유하기는 하지만 대체로 남성이 질병에 걸린다.

척추동물의 혈액 응고 기제는 환원불가능한 복잡성의 예로 자주 사용된다. 확실히 척추동물에서의 혈액 응고는 복잡하다.

그것은 여러 단계로 구성되어 있는데 각 단계는 전 단계에 의존한다. 한 단계가 빠지거나 결함이 있으면 혈액 응고가 일어나지 않는다. 그것이 바로 빅토리아 여왕의 남성 후손들의 불운이다. 기능하기 위해서는 모든 부분이 동시에 존재할 것을 요구하는 시스템은 진화할 수 없다. 그렇지 않은가? 지적 설계에 따르면 부분적인 경로는 소용이 없을 것이다.

척추동물의 혈액 응고 직렬의 진화는 1960년대 이후 방대하게 연구되었다. 고래와 돌고래에게서 전에는 모든 척추동물에 존재한다고 생각되었던 응고 인자가 한 개 빠져 있음이 발견되었다. 복어에서는 응고 인자가 세 개 빠져 있다. 턱이 없는 원시 칠성장어는 척추동물의 혈액 응고 시스템의 많은 요소를 갖고 있지 않다. 이 사실들로부터 어떤 결론을 내릴 수 있는가? 현대의 척추동물들에는 부분적인 경로들이 존재하며 그것들은 제대로 기능을 수행한다.[16]

한 단계 뒤로 돌아가서 척삭동물을 살펴보자. 척삭동물에서 척추동물이 유래했다. 현대 척삭동물 중 하나인 멍게에게는 기능하는 응고 인자들이 없다. 대신 멍게들은 이 인자들이 만들어지는 모든 단백질 조립 단위들을 갖고 있다.

이제 한 단계 더 뒤로 돌아가 보자. 척삭동물과 가장 가깝게 연관된

---

16 K. R. Miller, "Deconstructing Design: A Strategy for Defending Science," Cold Spring Harbor Symposia on Quantitative Biology, 2009.

동물은 극피동물―불가사리, 해삼, 성게 등―이다. 극피동물은 피브리노겐(fibrinogen)이라고 불리는, 척추동물의 혈액을 응고시키는 핵심적인 단백질과 관련이 있는 단백질을 만든다. 하지만 극피동물에게서 그 단백질은 혈액을 응고시키는 데 사용되지 않는다. 극피동물에게는 혈액이 존재하지도 않는다.[17] 하지만 불가사리에게는 피브리노겐의 선구물질이 존재하며 모종의 다른 일을 한다.

지적 설계는 자연 과정이 척추동물의 혈액 응고 기제의 복잡성을 만들 수 없다고 말한다. 반면에 진화가 사실이라면, 즉 복잡한 척추동물의 혈액 응고 시스템이 진화했다면 우리가 어떤 것들을 보리라고 예상하겠는가? 우리는 관련이 있지만 좀 더 단순한 응고 시스템을 갖고 있는 (칠성장어 같은) 몇몇 원시 척추동물을 발견하리라고 예상할 것이다. 우리는 (멍게와 극피동물처럼) 척추동물과 밀접하게 연관된 동물 계통에게서 실제 응고 시스템을 발견하기 전에 응고 인자들을 만들기 위한 원재료를 발견하리라고 예상할 것이다.

그리고 우리는 실제로 그것을 발견한다.

축소된 쥐덫

환원불가능한 복잡성(전부 아니면 아무것도 아니다)의 견본과 "주된 증거"는 오랫동안 소박한 단세포 박테리아에 나타나는 구조인 편모였다. 박테리아 편모는 외부의 작은 모터처럼 박테리아를 그것들의 환경에서 앞으로

---

17   Jerry A. Coyne, *Why Evolution Is True* (New York: Viking, 2009), 139-40.

나아가게 한다. 그리고 박테리아 편모는 실로 놀랍고 복잡한 구조다. 편모를 장착한 박테리아는 1초에 자기 신장의 수백 배를 헤엄칠 수 있고 아주 좁은 공간에서 회전할 수 있다. 하지만 박테리아 편모가 전부 아니면 아무 것도 아닌 세포 기관인가? 유용하려면 모든 구성 부분이 모두 동시에 존재해야 하는가?

편모가 박테리아에 존재하는 유일한 아세포 기관(sub-cellular machine)인 것은 아니다. 질병을 일으키는 박테리아는 그것들이 감염시키는 세포들에 구멍을 뚫는 데 사용하는 날카로운 바늘 같은 구조를 갖고 있다. 박테리아의 바늘을 조립하는 데 사용되는 단백질은 편모 모터의 "프로펠러" 부분을 조립하는 데 사용되는 단백질과 같다는 사실이 밝혀졌다. 공통의 단백질을 암호화하는 유전자들은 확실히 두 유형의 박테리아가 공통 조상을 공유한다는 것을 암시한다.

지적 설계는 박테리아 편모의 각각의 하위 단위는 전체 모터와 별개로는 어떤 기능도 하지 않는다고 말한다. 하지만 관련된 박테리아에서 모터의 일부로 기능하지 않지만 독소를 전달하는, 세포에 구멍을 뚫는 바늘로서 상당히 잘 기능하는 하위 단위가 존재한다. 우리가 편모의 수수께끼를 모두 푼 것은 아니지만 우리는 그것이 전부 아니면 전무가 아님을 안다. 박테리아 편모는 환원불가능하게 복잡하지 않다.

다른 한편으로, 진화가 사실이라면 우리가 어떤 것들을 보리라고 예상하겠는가? 우리는 어떤 유기체에서 어떤 목적을 위해 사용되는 단백질 조직을 발견하고 이어서 같은 조직이 관련된 유기체에서 다른 목적에 사용되는 것을 발견하리라고 예상할 것이다.

그리고 우리는 바로 그것을 발견한다.

진화는 수선장이다. 자연은 검소하다. 진화는 무에서 시작하지 않는다. 구조들과 과정들은 무에서 세워지지(또는 설계되지) 않는다. 어떤 종에서의 모든 변화는 조상들로부터 물려받아서 이미 존재하는 유전자에서 일어난다.

그리고 그것은 그렇게 계속된다.

진화는 수선장이다.

동정편모충류(Choanoflagellates)는 단순한 단세포 수생 원생생물이다. 그것들은 한때는 다세포 동물들에서만 만들어지는 것으로 생각되었던 단백질을 만든다. (카드헤린이라고 불리는) 그 단백질은 세포들을 서로 "연접"시켜서 다세포 신체를 가능하게 만든다. 단순한 단세포 유기체가 그런 단백질로 무엇을 하는가? 동정편모충류는 카드헤린을 사용해서 다른 세포들에 달라붙지 않는다는 것이 밝혀졌다. 대신 그것들은 카드헤린을 사용해서 떠다니는 먹이 입자들을 걸리게 한다.

다세포 신체들이 존재하기 전에 카드헤린을 만드는 유전자들이 존재했다. 진화는 수선장이다. 자연은 검소하다. 진화는 무에서 시작하지 않는다.

그것뿐만이 아니다.

단백질 수정체(crystalline)는 복잡한 척추동물의 눈의 수정체를 만든다. 크리스탈린(crystallin)은 척추동물의 조상—멍게라고 불리는 뼈가 없고, 뇌가 없고, 머리가 없는 해양 동물—에 의해서도 만들어진다. 멍게들은 수정체를 사용해서 중력을 느낀다. 우리는 왜 초기 척추동물의 눈에서 수정체를 만들어낸 돌연변이가 일어났는지 알지 못하지만, 초기 척추동물이 이미 그렇게 할 수 있는 유전자를 가지고 있었다는 것을 안다.

꽃을 만들기 위한 유전자들은 현화식물보다 오래되었다.

날개와 깃털을 만들기 위한 유전자들은 새들의 비행보다 오래되었다.

진화는 수선장이다. 자연은 검소하다. 진화는 무에서 시작하지 않는다. 진화가 사실이라면 우리는 무에서 시작한 경로들과 구조들을 보리라고 예상하지 **않을** 것이다.

우리는 이전 계통에서의 부분적인 경로가 이후의 계통에서의 복잡한 경로로 이어지는 것을 발견하리라고 예상할 것이다. 우리는 현대의 계통에서의 기능과 다른 기능을 하지만 그럼에도 기능을 하는 부분, 조각, 원재료들을 발견하리라고 예상할 것이다. 우리는 빈약한 유전자들과 임시변통 배열들을 발견하리라고 예상할 것이다.

그리고 우리는 바로 그런 것들을 발견한다.

11장

당신이 나를 원숭이로 만들 수는 없다

인간의 진화라는 다루기 어려운 주제

확실히 나의 가문에는 **오래전**부터 과학자들이 있었다. 어떤 신문 광고 (1800년대 말경)에 나의 고조부인 스티븐 켈로그(Stephen Kellogg)가 등장한다.

스스로 부여한 "교수" 직함은 확실히 켈로그 교수를 "과학적 마사지사"와 "암시 치료사"의 자격을 갖추게 했다. 가족의 전승에 따르면 내 고조모는 ("암시 요법"에서의 암시의 많은 가능성들은 말할 것도 없고) 자기 남편이 마사지의 여러 단계에서 고객들의 벗은 몸을 볼 필요가 있다는 사실이 싫어서 고조부를 떠났다고 한다.

그 교수는 내 가계도에서 재미있는 마디에 위치한다. 그리고 그분 주위로 고조부의 형제자매들의 가지가 갈라져 있고 증조부, 조부, 숙부와 고모, 사촌들에도 무수한 가지가 존재한다. 나의 가계도는 내가 저명한 켈로그 교수의 직계 후손이라고 말해준다. 그분은 내 직계 조상이고 나는 그분의 직계 후손이다. 모든 (종)고모, (종)숙부, 사촌(또는 팔촌)들은 내 친척인데 몇몇은 좀 더 가까운 친척이고 몇몇은 좀 더 먼 친척이다. 그들은 모두 내 친척이지만 나는 그들 중 누구의 직계 후손도 아니다.

우리의 공통 조상

1925년 어느 날 테네시주 데이턴에서 성경을 높이 든 설교자들이 거리에서 전도하고 있었고, 노점상들은 기념품들을 팔고 있었으며, 어린 소녀들은 원숭이 인형들을 들고 있었고, 격자무늬 정장을 입고 갈색 중절모를 쓰고 흰색 각반을 찬 조 멘디(Joe Mendi)라는 침팬지가 약방에서 코카콜라를 마시고 있었다.

테네시주의 고등학교 교사인 존 스콥스(John Scopes)는 오늘날까지 가장 유명한 과학 대 신앙 재판 사건인 스콥스 원숭이 재판(The Scopes Monkey Trial)에서 심리를 받고 유죄를 선고받았다. 일반적으로 스콥스가 진화를 가르쳐서 곤욕을 치렀다고 전해지고 있지만 사실 그가 식물들 또는 동물들이 오랜 기간에 걸쳐 진화했다고 가르쳐서 고생한 것은 아니었다. 스콥스는 "인간의 신적 창조"에 반대하고 인간이 "좀 더 하등한 동물들로부터 유래했다"고 가르치는 것을 금지하는 테네시주의 버틀러법(Butler Act)[1] 위반에 대해 유죄로 결정되었다.

존 스콥스는 진화를 가르친 것 자체로 어려움에 처한 것이 아니라 원숭이를 끌어들임으로써 곤란에 빠졌다. 21세기의 많은 미국인도 그렇게 느낀다. 진화가 식물들과 동물들에게만 적용될 경우 좀 더 많은 미국인이 인간이 진화 대상에 포함될 경우보다 더 진화를 받아들일 용의가 있다.[2]

매우 중요하고 어려운 질문은 바로 이것이다. "만일 우리가 원숭이에게서 유래했다면 왜 아직도 원숭이가 존재하는가?"

나는 "그 다윈을 받아들이라"(Take That Darwin)라는 트위터 피드를 팔로우한다. 그것은 매일 트위터 세계를 돌아다니다가 "왜 아직도 원숭이가

---

1 The Butler Act, State of Tennessee, 1925: http://www.famous-trials.com/scopesmonkey/2128-evolutionstatues.

2 "No Consensus, and Much Confusion, on Evolution and the Origin of Species," *Harris Interactive*, February 18, 2009, https://theharrispoll.com/wp-content/uploads/2017/12/Harris-Interactive-Poll-Research-BBC-Darwin-2009-02.pdf.

존재하는가?" 부류의 질문들과 "와! 과학자들이 그것을 전혀 생각하지 않았단 말이야?"라는 식의 무뚝뚝한 답변들을 펴 나른다. 나는 그것이 자극물(irritainment)임을 안다.[3] 그 질문에 대한 짧은 답변은 인간은 원숭이에서 "나오지" 않았다는 것이다.

원숭이들이 "인간으로 변하지" 않았기 때문에 우리 주위에 여전히 원숭이들이 존재한다. 원숭이들은 원숭이인 것으로 충분하기 때문에 인간으로 진화하지 않는다.

내 팔촌들과 나는 공통 조상, 즉 우리의 고조부 켈로그 "교수"를 공유한다. 아무도 내게 "만일 당신과 당신의 팔촌들이 모두 당신의 고조부의 후손들이라면 왜 당신에게 여전히 팔촌이 존재하는가?"라고 묻지 않는다.

내가 태어났을 때 내 팔촌들은 사라지지 않았다. 내 팔촌들은 그들의 삶을 살았고 그들 자신의 가계도를 발전시켰다.

인간은 대형 유인원과 공통 조상을 공유하며 침팬지와 가장 가깝다. 좀 더 가까운 인간의 "친척들"이 과거에 살았지만 지금은 모두 멸종했다. 침팬지가 살아 있는 동물 중 우리의 가장 가까운 진화상의 친척이다. 유전자 분석은 인간과 침팬지의 최후의 공통 조상이 800만-500만 년 전에 살았다고 추정한다. 그 후 계통수의 두 가지가 다른 방향으로 뻗어 나갔다. 현대의 침팬지들은 그것들의 인접한 할아버지들과 할머니들 및 친척들의 가지뿐만 아니라 (현재는 멸종된) 직계 조상들에서 유래했다. 현생인류는 그들의 인접한 할아버지들과 할머니들 및 친척들의 가지뿐만 아니라 (현재는 멸종된) 직계 조상들에서 유래했다.

---

3   Irritation + entertainment = irritainment.

계통수는 교목인가 아니면 관목인가?

최근까지 인간 역사의 기록은 상당히 단순했다. 인간의 계통수(호모)는 발육이 나빴다. 그것은 기본적으로 몸통 하나에 가지가 한두 개만 있었다. 몇백만 년 전에 인간 계통수의 몇몇 원시적인 가지들이 아프리카를 떠났다. 이 초기 이주자들은 새로운 **호모** 종이 아프리카에서 나와서 지구를 장악할 때까지 아시아와 유럽에서 수십만 년을 번성했다.

새로 등장한 이 집단이 현생인류인 **호모 사피엔스**다. **호모 사피엔스**는 영리하고 재능이 있고 언어를 사용해서 다른 모든 **호모** 종보다 경쟁에서 앞서거나 그들을 죽였고 약 30만 년 전에는 마지막으로 살아남은 **호모** 종이 되었다.

또는 우리는 그렇게 생각했다.

그런데 인간의 계통수는 다소 관목과 같다는 것이 밝혀졌다. 그것은 우리가 한때 생각했듯이 침팬지에서 **호모 에렉투스**로 변하고 이어서 네안데르탈인을 거쳐 우리가 된 직선 경로가 아니었다. 원래 타임 라이프(Time-Life) 사에 의해 1965년에 발행된 유명한 "진보의 행진"(March of Progress) 삽화[4]는 이 개념에 도움이 되지 않았다. 당신은 열다섯 개 동물이 줄 뒤쪽 끝의 작은 원숭이부터 앞쪽 끝의 크고 멋지고 완벽한 자세를 취한 현생인류까지 직선으로 늘어선 하나의 그림을 알 것이다.

---

4   Wikipedia, s.v. "March of Progress," November 17, 2020 최종 수정 시각 15:52 (UTC), https://en.wikipedia.org/wiki/March_of_Progress.

> 인간의 계통수는 다소 관목과 같다는 것이 밝혀졌다.
> 그것은 우리가 한때 생각했듯이 침팬지에서 **호모 에렉투스**로 변하고 이어서
> 네안데르탈인을 거쳐 우리가 된 직선 경로가 아니었다.

이 삽화는 재인쇄되고 반복되었으며, 과학적 사실이라고 존중되었고 불경한 진화로 가는 행진이라고 비난받았다. 두 해석 모두 틀렸다. 사실 호머 심슨의 얼굴을 한 "몬키우스 이아탈로티스"(Monkius eatalotis)에서 시작해서 "호메르사피엔"(Homersapien)으로 끝나는 호머 심슨 버전이 과학적으로 정확하지 않듯이 "진보의 행진"도 과학적으로 정확하지 않다. 인간의 진화는 유명한 그 삽화가 암시하는 것처럼 끝까지 직선으로 진행된 행진이 아니었다. 현생인류는 많은 가지로 얽힌 구인류 계통수의 가지 하나의 첨단에 자리를 잡고 있다.

이 얽힌 나무에 있는 다른 모든 가지는 죽었다. 우리만 살아남았다.

그러나 (상대적으로 말하자면) 그리 멀지 않은 과거에는 그렇지 않았다. 과거에는 현생인류들이 우리의 계통수에서 지금은 멸종된 몇몇 가지와 지구를 공유했다.

호미닌들이 등장하다

실제 이야기는 다음과 같다. 약 440만 년 전에 아프리카 동부에서 최초의 호미닌들(인간의 조상들)이 출현했다. 최초의 초기 호미닌은 아니지만 **가장 유명한** 초기 호미닌은 "루시"인데 그녀의 과학적 이름은 **오스트랄로피테쿠스 아파렌시스**다.

루시와 다른 **오스트랄로피테쿠스 아파렌시스**는 작았다(약 105센티미터에서 150센티미터). 그것들의 두개골은 작았고 침팬지의 두개골과 비슷했으며 작은 두뇌를 수용했다. 하지만 그것들의 치아는 좀 더 인간의 치아와 비슷했다. 즉 송곳니가 작았고 치열은 아치형이었다.

루시와 그녀의 동족은 유인원과 인간의 특질이 혼합된 신체를 지녔다. 그것들은 나무에 오르는 침팬지에게서 발견되는 긴 팔과 굽은 손가락 및 침팬지 같은 갈비뼈를 지녔다. 그러나 그것들의 척추, 골반, 다리와 발은 **오스트랄로피테쿠스 아파렌시스**가 두 발로 똑바로 걸었음을 암시한다. 탄자니아의 라에톨리에서 밟아서 다져진 길이 발견되었는데 그곳에는 놀랍게도 **오스트랄로피테쿠스 아파렌시스** 세 개체에 의해 만들어진 발자국 약 70개가 보존되어 있었다. 이 발자국들은 루시의 동족이 유인원의 걸음보다는 인간의 걸음에 훨씬 가까운 걸음으로 똑바로 걸었다고 말해준다.

우리의 가장 가까운 인간 친척들

약 220만 년 전에 아프리카 동부와 남부에서 우리의 속인 **호모** 속이 출현했다.

초기 **호모** 그룹들은 루시와 그녀 전의 초기 호미닌들에 비해 유인원과 점점 덜 비슷해지고 인간과 점점 더 비슷해졌다. **호모** 속의 구성원들은 최초로 인간과 같은 신체 비율을 지니게 되었다. 그들은 몸통에 비해 팔이 짧고 다리가 길었다. **호모** 속의 초기 구성원들은 현생인류들처럼 걷고 뛰었다. 그들은 현생인류에 비해 얼굴이 크고 뇌는 작았으며 치아는 좀 더 원시적이었지만 도구를 사용했고 사냥을 했으며 고기를 도살했고 불을 통제했으며 아마도 요리를 했을 것이다.

약 100만 년 전에 몇몇 **호모** 그룹이 아프리카를 떠나 아시아로 옮겨 갔다. 아프리카에 있는 동족으로부터 분리된 새로운 **호모** 그룹이 출현해서 유럽과 인도네시아와 시베리아에 이르기까지 아시아 전역에 퍼졌다. 좀 더 젊은 **호모** 그룹은 좀 더 오래된 **호모** 그룹에 비해 뇌가 좀 더 크고 원시적인 특성이 좀 더 적었다.

아프리카 밖에서 조상 **호모** 그룹은 네안데르탈인과 데니소바인이라는 적어도 두 개의 중요한 그룹으로 더 분화되었고 제3의 그룹인 **호모 플로레시엔시스**(*Homo floresiensis*)가 존재했을 수도 있다. 인간의 계통수에서 (비교적) 최근에 나온 이 분지들은 우리와 매우 가까운 연관 관계에 있으며 우리와 크게 다르지 않다. 이 분지들은 오랜 시간 동안 우리 종과 교차했을 뿐만 아니라 몇몇 경우에는 우리와 물리적 공간을 공유하기도 했다.

최근의 **호모** 분지들 중 가장 신비로운 분지는 **호모 플로레시엔시스**다. 그들은 19만-5만 년 전에 존재했고 인도네시아의 플로레스섬에서만 발견되었다. **호모 플로레시엔시스**는 키가 작았다(겨우 약 105센티미터였다). 그들은 도구를 사용했고 사냥을 했으며 불을 사용했을지도 모른다. 그들이 그 섬에 도착했을 때 크가 작았는가? 아니면 그들의 키가 작아진 것은 섬에 오랫동안 격리된 결과였는가? 우리는 그것에 관해 확신하지 못한다.

인간의 가장 잘 알려진 친척인 네안데르탈인들은 20만 년 전부터 35,000년 전까지 유럽에서 살았다. 그들은 서쪽으로는 웨일스에서부터 동쪽으로는 시베리아까지 분포했다. 네안데르탈인은 현생인류보다 키가 작고 다부졌으며 골격 구조와 근육이 추운 환경에 적응되었다. 그들의 뇌는 우리의 뇌만큼 컸고 종종 우리의 뇌보다 컸다. 그들은 도구와 불을 사용했고 사냥을 했으며 은신처에서 살았고 옷을 입었으며 장신구를 만들었고 때때로 죽은 자들을 제물과 함께 매장했다. 그들의 언어 사용 능력은 제한적이었던 것으로 보인다.

데니소바인들은 가장 최근에 발견된 인간의 가까운 친척이다. 2008년에 시베리아의 데니소바 동굴에서 땅을 파던 고생물학자들이 유전학적으로 네안데르탈인도 아니고 현생인류도 아닌 인간의 유해를 발견했다. 그 유해는 별도의 **호모** 그룹이었지만 네안데르탈인과 현생인류 모두와 가까운 친척 관계였다. 시베리아의 동굴에서 최초로 발견된 이후 티베트에서 좀 더 많은 데니소바인이 발견되었다.

데니소바 동굴에서 나온 발굴물에서 놀라운 사실이 새로 밝혀졌는데 그 연구 결과는 2018년에 발표되었다. 그 동굴에서 발견된 열세 살 소녀("데니"라는 별명이 붙었다)의 뼈 하나가 과학자들을 경악하게 했다.[5]

데니는 **똑같은** 양의 데니소바인과 네안데르탈인의 DNA를 갖고 있었다.

인간은 스물세 쌍의 독특한 염색체를 갖고 있다. 각각의 쌍의 염색체에 대해 두 개의 사본이 있는데 하나는 생물학적 어머니에게서 온 것이고 다른 하나는 생물학적 아버지에게서 온 것이다. 데니의 각각의 염색체 쌍에서 하나는 오로지 네안데르탈인 부모에게서 왔고 하나는 오로지 데니소바인에게서 왔다. 추가적으로, 인간의 세포의 미토콘드리아에는 작은 DNA 조각이 있다. 모든 미토콘드리아 DNA는 어머니에게서 온다. 데니

5   Maya Wei-Haas, "Ancient Girl's Parents Were Two Different Human Species," *National Geographic*, August 22, 2018, https://www.nationalgeographic.com/science/2018/08/news-denisovan-neanderthal-hominin-hybrid-ancient-human/.

의 미토콘드리아 DNA는 네안데르탈인의 것이었다.

그것은 마치 우리가 가까이서 목격하고 있는 것 같았다. 데니는 네안데르탈인 어머니와 데니소바인 아버지의 첫 세대 후손이었다.

데니는 흥미롭지만 놀랍지는 않은 발견이었다. 우리는 혼혈의 간접적인 증거를 갖고 있다. 네안데르탈인, 데니소바인, 현생인류들에게서 가까운 "사촌" 인간 그룹에서 나온 DNA의 흔적이 많이 발견되었다. 데니의 발견으로 우리는 인간 그룹들 사이의 혼혈에 대한 직접적인 증거를 갖게 되었다. 인간 그룹들 사이의 혼혈이 얼마나 자주 일어났는가? 그 질문에 대한 답은 아직 나오지 않았지만 데니는 힌트를 제공한다. 우리는 2008년 이후에야 데니소바인에 대해 알게 되었는데 벌써 다른 인간 그룹과의 첫 세대 혼혈아를 알고 있다.

현생인류

가장 오래된 현생인류(**호모 사피엔스**)는 약 20만 년 전에 에티오피아에서 출현한 것으로 추정된다. 현생인류의 근육 조직은 다른 **호모** 그룹의 근육 조직과 유사하지만 현생인류의 골격 틀은 다른 **호모** 그룹의 골격 틀보다 크고 가볍다. 현생인류는 몸에 비해 뇌가 크다. 이 뇌를 수용하기 위해 두개골이 높고 얇으며 이마가 평평하고 수직이다. 다른 **호모** 그룹과 달리 현생인류의 얼굴에서는 눈두덩이가 두툼하지 않다. 현생인류의 턱과 치아는 다른 **호모** 그룹의 턱과 치아보다 작다.

초기 현생인류는 복잡한 사회 집단, 언어, 상징, 예술, 장신구, 악기, 매장 관습을 남겼다. 그들은 도구와 불을 사용했고 요리했다. 그들은 현대의 수렵과 채집 생활을 하는 사람들과 같은 방식으로 살았다.

80,000-50,000년 전 사이의 어느 시점에 현생인류의 한 그룹이 아프리카를 떠났다. 우리가 이것을 어떻게 아는가? 현대 아프리카인들은 모든 대륙의 인구 집단 중 유전적으로 가장 다양하다. 세계 인구의 나머지는 현대 아프리카 인구 집단보다 유전적으로 훨씬 덜 다양하다. 즉 아메리카, 유럽, 아시아, 오스트레일리아에서 사는 사람들은 현대 아프리카 안에서 사는 사람들보다 훨씬 더 가까운 연관 관계가 있다. 이 증거는 아프리카 밖의 모든 집단이 이주한 소규모의 창시자 집단에서 유래했음을 알려준다.[6] 좀 더 이른 시기의 현생인류 집단이 아프리카를 떠났다고 하더라도 그들은 성공적이지 못했고 소멸했다.

현생인류가 아프리카를 떠나 지구 전체로 이주할 때 그들은 아주 오래되었지만 가까운 친척 그룹을 만났다. 네안데르탈인은 유럽 전역과 아시아 서부에 퍼졌고 데니소바인은 동유럽에서 아시아 동부까지 퍼졌다.

세 그룹(네안데르탈인, 데니소바인, 현생인류) 모두 유전적으로 독특했다. 그러나 현생인류는 네안데르탈인 및 데니소바인과 매우 가까운 연관 관계에 있어서 그들과 짝을 짓고 자손을 남길 수 있었다.

우리가 그것을 어떻게 아는가? 유럽인과 아시아인의 조상들은 그들의 게놈에 네안데르탈인의 DNA를 약간(1-4퍼센트) 가지고 있다. 데니소바인의 DNA 비율은 현대의 동남아시아인과 오세아니아인에게서 가장 높다(4-6퍼센트).[7] 데니소바인의 DNA의 흔적이 동아시아인에게서도 발

---

6 Peter Andres and Christopher Stringer, "The Primates Progress," in Steve Jay Gould, ed., *The Book of Life* (New York: W. W. Norton & Company, 2001), 249-50.

7 Maya Wei-Haas, "You May Have More Neanderthal DNA Than You Think," *National*

견된다. 흥미롭게도 사하라사막 남쪽의 아프리카인들에게는 네안데르탈인이나 데니소바인의 DNA가 전혀 없거나 거의 없다.[8]

데니는 네안데르탈인 어머니와 데니소바인 아버지 사이의 첫 세대 자녀였다. 현생인류와 네안데르탈인이나 데니소바인 사이의 첫 세대 자녀들은 아직 발견되지 않았지만 그들은 확실히 존재했다.

우리의 직접 조상들은 수천 년 동안 우리의 직접적인 계통에 존재하지 않는—말하자면 호미닌 삼촌, 고모, 사촌들—가까운 친척들(다른 호미닌들)과 지구를 공유했다. 우리는 그들 사이의 상호 작용 정도를 모르지만 그들 중 몇몇은 함께 자녀를 낳았다는 것을 안다.

그러나 30,000년 전 무렵에는—다른 **호모** 그룹들로부터 물려받은 약간의 DNA와 더불어—복잡하게 얽힌 인간 계통수 중 최후로 남은 분지인 현생인류만 남게 되었다.

몇 가지 그럴듯한 이유가 있지만 결정적이지는 않다. 하나의 이유만 있었을 것 같지는 않다. 현생인류, 네안데르탈인, 데니소바인이 유럽과 아시아를 공유하고 있던 당시에 빙하기가 심화되고 있었다. 침식해 들어오는 빙하들이 사냥할 땅을 덮었고 네안데르탈인들이 적응하지 못했는가? 현생인류는 우수한 머리, 기민함, 속도, 언어 덕분에 생존할 수 있었던 반면에 그들의 사촌들은 생존하지 못했는가? 현생인류가 그들의 인간 사촌들을 새로운 재앙에 노출시켰는가?

Geographic, January 30, 2020, https://www.nationalgeographic.com/science/2020/01/more-neanderthal-dna-than-you-think/.

8   Michael Price, "Africans Carry Surprising Amount of Neanderthal DNA," *Science*, January 30, 2020, https://www.sciencemag.org/news/2020/01/africans-carry-surprising-amount-neanderthal-dna.

위의 요인들의 조합 외에 네안데르탈인과 데니소바인이 현생인류 안으로 흡수되었는가? 계속되고 있는 유전체 연구는 우리 인간의 게놈에서 네안데르탈인과 데니소바인으로부터 물려받은 DNA를 식별하고 있다. 티베트고원의 가장자리에서 데니소바인들의 유해들이 발견되었는데 놀랍게도 데니소바인의 DNA에서 현대의 티베트인으로 하여금 고도가 높고 산소가 적은 환경에서 살 수 있게 해 주는 유전자가 발견되었다.[9]

그렇다면 누가 빠진 연결 고리인가?

다윈이 『인간의 혈통』(*The Descent of Man*)을 출간한 이후 회의론자들은 그 빠진 고리─단 하나의 유인원과 인간을 연결하는, 절반은 원숭이이고 절반은 인간인 생물─를 보여 달라고 요구했다.

하나의 "빠진 고리"를 요구하는 것은 진화가 어떻게 작동하는지를 오해한 처사다. (다른 모든 생물의 진화에서뿐만 아니라) 인간의 진화에서 변화는 하나가 다른 종류로 변하는 직선적인 과정으로 일어나지 않는다. 대신 진화는 서서히 퍼지고 가지가 갈라져서 궁극적으로 점점 더 다양해지는 과정이다. 수천 년에서 수백만 년 동안 많은 가지가 죽어서 계통수의 끝이 죽은 가지를 구성한다. 다른 가지들은 생존해서 오늘날 우리가 보는 현대의 종이 된다.

인간에게는 하나의 빠진 고리 화석이 존재하지 않는다. 사실 인간의

---

9   Matthew Warren, "Biggest Denisovan Fossil Yet Spills Ancient Human's Secrets," *Nature*, May 1, 2019, https://www.nature.com/articles/d41586-019-01395-0.

특질을 보이는 최소 20개의 "고리들"이 존재하는데 각각은 아프리카에서 발견되었거나 500만-600만 년 전에 아프리카에서 시작되었다.[10] 특정한 화석 종이 현생인류의 직접 조상인지를 알 길이 없다. 우리는 인간의 가까운 친척으로부터 현생인류로 이어진 진화의 일반적인 경로를 배울 수 있을 뿐이다.

화석을 발견할 때 우리가 그것이 인간의 계통수에 속하는지 속하지 않는지를 어떻게 아는가? 과학자들은 인간에게 독특하고 유인원들에게서 발견되지 않는 특질들이 있는지 조사한다. 인간의 계통수에서 가장 오래된 화석들은 좀 더 유인원과 비슷하고 인간의 특질이 약간 존재한다. (루시처럼) 중간 범위의 시기에 해당하는 화석들에는 인간과 유인원의 특징들이 혼합되어 있는데 원시적인 특질과 인간과 비슷한 특질이 다양한 정도로 섞여 있다. 화석이 시기상 현생인류와 가까울수록 인간과 비슷한 특질이 좀 더 많아지고 원시적인 특질들이 좀 더 적어진다.

가장 오래된 독특한 인간의 골격 특질 두 가지가 두개골에서 발견된다. 인간들에서는 대후두공(opening for the spinal cord)이 앞쪽에 위치해서 직립 자세를 가능하게 해 준다. 치아 역시 뭔가를 말해주는 표지다. 인간의 송곳니는 작고 침팬지의 송곳니는 크다. 그리고 인간의 치아는 호 모양으로 배열되어 있고 침팬지의 치아는 직각 형태로 배열되어 있다. 루시의 송곳니는 작았고 치아는 호와 직사각형의 중간 형태로 배열되었다.

600만 년에 걸쳐서 우리의 조상들에게서 인간에게 독특한 다른 특질

---

10 Bernard Wood, "Welcome to the Family," *Scientific American* 311, no. 3 (Sept. 2014), 40–47.

들이 나타났다.[11] 인간의 대퇴골(넓적다리뼈)은 안쪽을 향해서 직립보행을 가능하게 해준다. 인간은 짧고 넓은 골반, 긴 다리, 길고 유연한 허리, 낮은 어깨, 길고 유연한 엄지손가락을 갖고 있다. 인간은 큰 뇌와 그것을 수용할 두개골 크기와 형태를 지니고 있다. 인간의 얼굴과 턱은 작다.

과학자들이 이런 특질의 일부나 전부를 지닌 화석을 발견하면 그들은 자신이 유인원이 아니라 인간의 친척이나 인간을 발견했다는 것을 안다.

빠진 고리를 보여달라는 요구

빠진 고리를 보여 달라는 요구는 다윈의 『종의 기원』(*On the Origin of Species*) 초판의 최초 인쇄본만큼이나 오래되었다. 풍부한 물리적 화석 증거와 결정적인 분자 구조 확인에도 불구하고 아직도 창조론자들 사이에서 그 요구가 들리고 있다.

창조론자들은 인간의 화석을 분석할 때 중간 화석을 인정하지 않는다. 그들에 따르면 화석이나 화석화된 발자국은 "확실히 인간"이거나 "확실히 유인원"이다. 데이비드 멘턴(David Menton)은 창조론자의 관점에서 화석을 어떻게 분석해야 하는지를 말해준다.

성경으로부터 하나님이 어떤 원인(猿人, apeman)도 창조하지 않았다는 것을 알기 때문에 진화론자가 원인을 창조하기 위해서는 다음과 같은 세 가지 방

---

11   "What Makes Us Special," *Scientific American* 311, no. 3 (Sept. 2014), 60-61.

법밖에 없다.

- 유인원의 화석 뼈들을 인간의 화석 뼈들과 결합해서 그것들이 하나의 개체, 즉 실제 "원인"이라고 선언한다.
- 화석화된 유인원 뼈들의 인간과 비슷한 특정한 특질들을 강조하고 상상력을 발휘하여 유인원들을 좀 더 인간과 비슷한 존재로 승격시킨다.
- 화석화된 인간의 뼈들의 유인원과 비슷한 특정한 특질들을 강조하고 상상력을 발휘하여 인간을 좀 더 유인원과 비슷한 존재로 강등시킨다.[12]

창조론자들에 따르면 "진화론자"의 모든 화석 해석은 기본적으로 속임수와 상상력의 결합이다.

종의 진화에 대한 여지를 두는 사람들조차 **인간**의 진화는 받아들이기 어려워한다. 하나님이 왜 차갑고 맹목적이고 무작위적인 과정을 사용해서 하나님의 형상 담지자를 창조해서 결국은 일반적인 동물과 다르지 않은 존재를 만들겠는가?

자연적이고 인도되지 않은 과정이 기본적으로 목적이 없는 과정과 동일한 것은 아니다. 프랜시스 콜린스의 말을 들어보라.

하나님이 당신과 나를 자연적이고 영적인 존재로 창조하기로 선택하셨고 진화의 기제를 사용해서 그 목표를 달성하기로 결정하셨다면 나는 그것이 믿을 수 없을 정도로 멋있다고 생각합니다. 하나님은 공간과 시간 밖에 존재하시

---

12 David Menton, "Did Humans Really Evolve from Apelike Creatures?," Answers in Genesis, February 25, 2010, https://answersingenesis.org/human-evolution/ape-man/did-humans-really-evolve-from-apelike-creatures/.

기 때문에 그분은 애초에 올바른 결과가 나오리라는 것을 아셨습니다.[13]

드디어 빠진 고리가 발견되다

그 발표의 중요성을 아무리 강조해도 지나침이 없을 것이다. 그것은 "역사상 가장 위대한 탐구의 위업" 중 하나로 불렸다. 2003년에 프랜시스 콜린스가 이끄는 국제 인간 게놈 프로젝트(Human Genome Project)[14]가 완전한 인간 게놈 지도—인간의 모든 유전자의 지도—를 발표했다. 기념비적인 발표는 다음과 같았다.

> 이 생명의 책은 실제로는 적어도 세 권의 책입니다. 그것은 역사책으로서 우리 종이 시간 여행을 해 온 여정의 내러티브입니다. 그것은 가게의 매뉴얼로서 인간의 모든 세포를 만들기 위한 믿을 수 없을 정도로 상세한 청사진입니다. 그것은 또한 변화시키는 힘이 있는 의학 교과서입니다. 그 책에서 제공하는 통찰을 통해 의료 공급자들은 질병을 다루고 예방하고 치료할 막대한 힘을 지니게 될 것입니다. 우리는 이 책들에서 우리가 이미 봐왔던 것들을 기쁘게 생각합니다. 그러나 우리는 또한 모든 시대의 신비한 언어인 신의 언어로 쓰인 인간 생명의 기적을 묘사하는 페이지들을 넘기는 특권 앞에서 매우 겸손해집니다.[15]

13 PBS 방송국 "하나님의 문제"(*The Question of God*) 프로와의 인터뷰. https://www.pbs.org/wgbh/questionofgod/voices/collins.html.

14 "The Human Genome Project," National Human Genome Research Institute, https://www.genome.gov/human-genome-project.

15 Francis S. Collins, "Remarks at the Press Conference Announcing Sequencing and Analysis of

인간 게놈 지도는 이미 수천 개의 질병 유전자 발견을 촉진했고 의사들로 하여금 전에는 결코 진단할 수 없었던 방식으로 유전적 위험을 진단할 수 있게 해주었다. 우리는 이미 암 치료를 환자에 나타나는 특정한 암 유형에 맞추고 있다.

그리고 인간 게놈 프로젝트에서 침팬지를 인간에게 이어주는, 오랫동안 찾고 있던 빠진 고리가 바로 우리 눈앞에 나타났다.

인간 게놈 지도가 그려지기 전에 풍부한 화석 증거가 인간이 대형 유인원(침팬지, 고릴라, 우랑우탄)과 공통 조상을 공유했다고 암시했다.

하지만 염색체 수준에서 신비한 불일치가 존재했다. 인간은 스물세 쌍의 독특한 염색체를 갖고 있는데 각각의 쌍에 대해 하나는 생물학적 어머니에게서 물려받고 하나는 생물학적 아버지에게서 물려받은 사본 두 개를 갖고 있다. 문제는 침팬지에게는 하나는 침팬지 아비에게서 물려받고 다른 하나는 침팬지 어미에게서 물려받은 염색체 스물네 쌍이 있다는 것이다.

인간에 이르는 계통의 어느 지점에서 염색체 한 쌍이 상실되었는가? 그럴 가능성은 별로 없다. 그렇게 많은 유전 정보를 상실하고도 생존할 수는 없었을 것이다.

인간 진화의 어느 지점에서 두 염색체가 융합되었다면 어떨까? 인간 진화의 역사에서 염색체 융합이 일어났다면 우리가 무엇을 보리라고 예상하겠는가?

---

the Human Genome," National Human Genome Research Institute, https://www.genome.gov/10001379/february-2001-working-draft-of-human-genome-director-collins.

먼저 염색체 지리에 대해 조금 살펴보기로 하자. 모든 염색체는 각각의 염색체의 끝에 **말단 소립**(telomere)이라는 독특한 DNA 경계표를 갖고 있다. 말단 소립은 염색체들의 끝에서**만** 발견된다. 염색체의 중간 지점 근처에서만 발견되는 **동원체**(centromere)라는 독특한 DNA 경계표도 있다.

인간 게놈 프로젝트에서 인간의 2번 염색체는 다른 어떤 염색체와도 다르다는 사실이 드러났다.[16] 2번 염색체 양쪽 끝, 즉 말단 소립이 존재하리라고 예상되는 바로 그 지점에 활동하는 말단 소립이 존재한다. 하지만 그 염색체의 바로 **중앙에** 말단 소립 서열 두 개가 더 존재한다. 더구나 인간의 2번 염색체에는 한 개가 아니라 두 개의 동원체가 있다.

하지만 그것이 다가 아니다. 인간의 2번 염색체는 침팬지의 12번 염색체 및 13번 염색체와 거의 정확하게 일치한다. 인간에 이르는 계통의 어느 지점에서 영장류의 두 염색체가 말단끼리 융합되었다. 분자 증거가 매우 강력해서 우리는 융합이 일어난 정확한 지점을 특정할 수 있다.[17]

그 유전자 증거에 대한 창조론자의 반응은 주로 "앤서스인제네시스"와 창조과학연구원의 직원인 저자들에 의해 쓰였다.[18] 두 단체 모두 염색체 융합의 증거의 "정체를 폭로하는" 논문들과 연구를 인용한다. 하지만 그 논문들이나 연구 중 어느 것도 동료 학자들의 심사를 받은 과학 학술

---

16 Francis S. Collins, *The Language of God* (New York: Free Press, 2006), 137-38.

17 Kenneth R. Miller, *Only a Theory* (New York: Viking, 2008), 105-7.

18 다음 문헌들을 보라. Jean Lightner, "Chromosome Tales and the Importance of a Biblical Worldview," Answers in Genesis, June 18, 2014, https://answersingenesis.org/genetics/dna-similarities/chromosome-tales-and-importance-biblical-worldview/; Jeffrey P. Tomkins, "New Research Debunks Human Chromosome Fusion," Institute for Creation Research, November 27, 2013, https://www.icr.org/article/new-research-debunks-human-chromosome/.

지에 게재되지 않았다는 것을 주목할 필요가 있다. 두 단체에서 나온 많은 논문이 하버드 대학교 세포생물학 박사 학위 소지자인 나다니엘 진슨(Nathaniel Jeanson)에 의해 쓰였다는 사실에도 불구하고 말이다.[19]

염색체 융합의 정체를 폭로하는 칭조론자 논문들은 많은 기술적인 용어들로 쓰였는데 국제적인 과학자들에 의해 거의 20년 동안 반복되고 뒷받침된 증거에 대해 "신화적인", "주장된", "시기상조의" 같은 형용사를 덧붙인다. 다시 말하거니와 유전자 증거를 논박하는 그 논문들 중 어느 것도 동료 학자들의 심사를 받은 학술지에 실리지 않았다(그 점을 아무리 강조해도 지나침이 없다).

아담과 하와에 관해서는 어떠한가?

약 10,000-12,000년 전 빙하기 직후에 치타 집단은 재앙에 직면했다. 사냥되어 멸종할 지경에 이르렀는가? 우리는 그 이유에 대해서는 확신하지 못하지만 모종의 재앙으로 말미암아 세계적으로 치타 개체 수가 겨우 일곱 마리에서 열두 마리로 줄어들었다는 것은 확실히 안다. 오늘날 살아 있는 모든 치타는 열두 마리 이하의 작은 집단에서 유래했다.

현대의 치타들은 본질적으로 동일하며 동종교배 정도가 매우 높다. 치타는 공여된 조직이나 장기에 대한 거부 반응이 없이 거의 모든 치타에

---

19 다음 문헌들을 보라. Nathaniel T. Jeanson, "An Update on Chromosome 2 'Fusion,'" Institute for Creation Research, August 30, 2013, https://www.icr.org/article/update-chromosome-2-fusion; "Human-Chimp Genetic Similarity: Refuting the Appeal to Human Genetics," Institute for Creation Research, July 29, 2011, https://www.icr.org/article/chimp-similarity-refuting-appeal-human.

게서 떼어낸 피부나 신장을 이식받을 수 있다.

치타들만 그런 것이 아니다. 오스트레일리아의 특이한 유대류 포유동물인 태즈메이니아 데빌은 중대한 멸종 위기에 처해 있다. 태즈메이니아 데빌은 치타와 마찬가지로 그것들의 역사에서 개체 수를 감소시키는 사건인 병목 사건을 한 번 이상 겪어서 본질적으로 동일한 유전자를 갖고 있다.

특히 소름 끼치는 일종의 안면암이 얼굴이나 목 주위를 무는 것을 통해 태즈메이니아 데빌 사이에 전염되어 그것들의 개체 수를 감소시키고 있다. 일반적으로 몸은 암세포를 "자기가 아닌" 것으로 인식해서 면역 세포가 침입자를 막기 시작한다. 하지만 태즈메이니아 데빌들은 유전적으로 동일하기 때문에 종양 세포를 다른 개체에게 "공여할" 수 있고 공여된 세포들은 거부되지 않는다.

모든 인간이 6,000-10,000년 전에 한 남성과 한 여성으로부터 유래했다면 우리가 어떤 종류의 일들을 보리라고 예상하겠는가? 적합성 검사 없이 수혈을 쉽게 할 수 있을 것이다. 장기 이식이 식은 죽 먹기처럼 쉬울 것이다. 공여자와 수령인을 맞출 필요가 없고 거부 반응을 막는 면역억제제가 필요치 않을 것이다. 모든 인간이 두 명으로부터 유래했다면 인간은 유전적으로 매우 유사해서 어떤 종류의 이식도 쉽게 이뤄질 것이다.

그러나 현실은 그렇지 않다. 현생인류에게서 나타나는 폭넓은 유전적 다양성은 규모가 큰 창시 집단으로부터만 생겨날 수 있었다.

정상적인 성장과 세포 분열시 복사 오류(돌연변이)가 발생한다. 여러 세대에 걸쳐 이 변화들이 누적되고 유전자의 다른 버전들을 만들어낸다. 예를 들어 혈색소 유전자에는 기능을 수행하는 버전과 겸상 적혈구 질환 버전이 있다. 한 집단 안에는 종종 한 유전자의 여러 버전이 있다. 예를 들어 인간의 혈액형에는 A형, B형, O형의 세 가지 버전이 있다.

우리는 인간 유전자의 돌연변이율을 안다. 인간의 유전자는 세대마다 약 100-200개의 새로운 변이를 일으킨다.[20] 인간 게놈 프로젝트 덕분에 개인의 유전자들을 살펴보고 인간 집단에서 그 유전자의 버전이 얼마나 많이 존재하는지 세어볼 수 있다. 이 수학 문제를 일곱 개의 다른 각도에서 다룬 연구들에서 답은 언제나 똑같다. 현생인류는 15만 년 전 무렵에 살았던 약 10,000명의 개체로 이뤄진 조상 집단에서 유래했다.[21]

갑자기 아담과 하와에 대해 문제가 생겼다. 우리는 유전자들을 알고 돌연변이율을 알며 그 계산을 할 수 있다. 우리가 그 수학적 증거를 창세기에 맞출 수 있는가?

나다니엘 진슨은 이 난제에 대해서도 지적 설계의 주요 대변인이다. 진슨은 그 수학적 방법이나 계산 또는 심지어 그 답에 대해서도 부정하지 않는다. 그는 단순히 그 결론에 동의하지 않는다. 그는 단순하게 그것은 설계된 변이라고 설명한다.[22] 진슨에 따르면 우리가 인간과 모든 생명체에서 보고 있는 유전적 다양성은 실상은 겉보기와 다르다. 대신 하나님이 인간과 모든 생명을 유전적 역사가 있는 모습으로 창조하셨다.

---

20 Elie Dolgin, "Human Mutation Rate Revealed," *Nature*, August 27, 2009, https://www.nature.com/articles/news.2009.864.

21 Dennis R. Venema and Scot McKnight, *Adam and the Genome: Reading Scripture after Genetic Science* (Grand Rapids: Brazos Press, 2017), 43-55. ** 『아담과 게놈』(새물결출판사 역간).

22 Nathaniel Jeanson and Jason Lisle, "On the Origin of Eukaryotic Species' Genotypic and Phenotypic Diversity," Answers in Genesis, April 20, 2016, https://answersingenesis.org/natural-selection/speciation/on-the-origin-of-eukaryotic-species-genotypic-and-phenotypic-diversity/.

아담과 하와가 역사적인 실제 인물이었는가? 아니면 아담과 하와의 이야기는 문자적 역사가 아닌 뭔가 다른 것을 전달할 의도였는가? 이 질문들은 과학이 답변할 질문이 아니라 신학이 답변할 질문이다. 많은 성서학자가 이 주제를 다뤘는데 우리가 그것들을 조사해볼 가치가 있다.[23]

아담과 하와는 실제 역사적 인물이었을 수도 있고 그렇지 않았을 수도 있다. 과학은 아브라함, 다윗, 에스더의 역사성을 다루지 않듯이 그 문제도 다루지 않는다. 하지만 아담과 하와가 모든 인간의 문자적이고 유전적인 조상들일 수는 없다.

---

23 아담과 하와의 이야기에 대한 해석에 관해서는 다음 문헌들을 보라. Dennis Venema and Scot McKnight, *Adam and the Genome*, 『아담과 게놈』(새물결플러스 역간): Peter Enns, *The Evolution of Adam: What the Bible Does and Doesn't Say about Human Origins* (Grand Rapids, MI: Brazos Press, 2012), 『아담의 진화』(기독교문서선교회 역간); John H. Walton, *The Lost World of Genesis One: Ancient Cosmology and the Origins Debate* (Downers Grove, IL: IVP Academic, 2009), 『창세기 1장의 잃어버린 세계』(그리심 역간); Stephen C. Barton and David Wilkinson, eds., *Reading Genesis after Darwin* (Oxford: Oxford University Press, 2009).

12장

(하나님을 떠나지 않고)
창조론을 떠나기

위대한 천문학자이자 망원경의 명인이었던 갈릴레오 갈릴레이(Galileo Galilei)는 특권과 명성 및 인기가 있는 삶을 살다가 늙고 쇠약해진 상태로 로마에서 종교재판소 앞에 섰다. 1633년 당시 종교재판소 소송절차의 역학 관계는 복잡했지만 확실히 고문의 위협이 허용되었다고 말해두는 것으로 충분하다. 갈릴레이는 순교할 유형의 인물이 아니었기 때문에 그는 17세기의 유죄 인정 거래에 해당하는 처분을 받아들이고 여생을 "가택연금" 상태에서 살았다. 그의 죄목이 무엇이었을까? 그것은 태양 중심 체계에 대한 믿음이었다.

갈릴레이가 망원경을 발명한 것은 아니었지만 그는 당시의 가장 좋은 망원경을 만들었다. 갈릴레이는 자기의 최신식 망원경을 사용한 관측을 통해 사실 (지구가 아니라) 태양이 태양계의 중심이라는 것과 지구를 포함한 모든 행성이 태양 주위를 돈다는 것을 확신했다. 갈릴레이는 수십 년 동안 자신의 태양 중심 입장을 출간하고 홍보했다. 갈릴레이만 그런 것이 아니었다. 교회의 관할 아래에 있는 다른 사람들도 그렇게 믿었다.

그렇다면 무엇이 갈릴레이로 하여금 종교재판을 받게 했는가? 우선 그의 성격이 도움이 되지 않았다. 갈릴레이는 인기가 있었고 친구를 사귀는 재주가 좋았던 것만큼이나 적을 만드는 데도 탁월했다. 갈릴레이는 그가 겨냥하는 사람의 지위에 무관하게 자기의 학문적 요점을 모욕과 욕설로 표현하는 습관이 있었다.

그러나 실제로 문제가 된 것은 과학과의 문제가 아니었다. 실제 문제는 신학과의 문제였다. 가톨릭교회는 종교개혁 후 방어적인 입장에 있었다. 당시의 개신교도들과 마찬가지로 가톨릭교회는 자기들의 관행이 "성경의 평범한 해석"에 기초한다고 주장했다.[1] 논쟁점들은 구약성경의 몇몇 절—"세계가 굳게 서고 흔들리지 않으리라", "땅에 기초를 놓으사 영원히 흔들리지 아니하게 하셨나이다", "태양이 머물고" 등—에 대한 문자적 해석이었다.[2]

뒤로 물러나는 인물이 아닌 갈릴레이는 그의 주장에 신학적 요소를 덧붙이기로 결심했다. 갈릴레이는 성경의 목적은 인간에게 천국에 가는 방법을 가르치는 것이지 천체들이 어떻게 운행하는지를 가르치는 것이 아니라고 주장했다.[3] 교회 지도자들이 신학에는 아마추어인 갈릴레이가 신학으로 침범해 들어온 것을 언짢게 생각했다고 말하는 것은 절제된 표현이다.

"갈릴레이여, 당신의 한계를 지키시오. 당신의 한계를 지키란 말이오." 갈릴레이가 감히 어떻게 성경의 분명한 의미를 부인한단 말인가? 갈릴레이가 감히 어떻게 수천 년 동안 전해져 내려왔고 교부들에게 받아들여진 오래된 믿음에 의문을 제기한다는 말인가?

실제로는 과학이 문제가 아니라 신학이 문제였다. 지구가 중심이 아니고 우주에 존재하는 많은 행성 중 하나에 불과하다면 지구는 하나님께 특별하지 않고 따라서 인간은 창조세계에서 특별한 자리를 지니지 않을

---

1   Michael Hoskin, ed., *The Cambridge Illustrated History of Astronomy* (Cambridge: Cambridge University Press, 1997), 130.

2   시 96:10; 시 104:5; 수 10:13.

3   Hoskin, *The Cambridge Illustrated History of Astronomy*, 130; Allan Chapman, *Stargazers: Copernicus, Galileo, the Telescope, and the Church*(Oxford: Lion Books, 2014)도 보라.

터였다. 지구는 더 이상 하나님의 눈동자가 아니고 전체 신앙 체계가 무너질 터였다. 교회는 그것을 허용하려고 하지 않았다.

갈릴레이는 굴욕을 당하고 낙심했다. 그는 면죄를 받지 못하고 죽었다.

그러나 증거가 쌓이고 책들이 쓰이고 망원경들이 많아졌다. 아이작 뉴턴(Isaac Newton)이 무대에 등장했다. 17세기 말이 되기 전에 교회에서 태양 중심 태양계에 과학적으로나 신학적으로 아무 문제가 없게 되었다. 명료한 과학적 증거에 직면해서 그리스도인들은 오래 유지되었던 성경 해석을 변경했다. 지구가 움직이지 않는다고 말하는 성경은 여전히 진리를 말하고 있지만 성경이 말하는 진리는 문자적인 과학의 진리가 아니다.

진화에 반대하는 현대의 주장들은 태양 중심 태양계에 반대하는 신학적 주장들과 흡사하게 들린다. 그 주장에 따르면, 인간이 진화 계통수상 또 하나의 분지일 뿐이라면 우리가 하나님께 특별하지 않다. 실제 아담이 없었다면 "타락"이 있을 수 없고 타락이 없다면 예수가 필요치 않다. 창세기를 믿을 수 없다면 우리는 성경의 어느 것도 믿을 수 없다. 모든 것이 상실된다.

성경 기상학

나는 봄이나 가을에는 하루에 네 계절이 모두 나타날 수 있는 텍사스 지역에서 살고 있다. 그러나 한여름에는 완전히 딴판이다. 7월과 8월에는 건조한 날이 이어지고 섭씨 38도에 달하는 날씨가 몇 주 동안 계속되거나 심지어 한 달 넘게 계속되기도 한다. 소셜 미디어에 올라오는 메시지들은 한

결같이 비가 오기를 구하는 기도로 채워진다. 소셜 미디어가 등장하기 오래전부터 비가 오기를 구하는 것은 우리의 가정과 교회들에서 주된 기도 제목이었다. 그러다 비가 오면 우리는 하나님 덕분에 비가 왔다며 감사한다.

하지만 누구도 공립학교에서 물의 순환을 가르치는 것을 금지하기를 원하지 않는다. 어떤 이해관계자 그룹도 과학 교사들에게 물의 순환의 "논쟁을 가르치거나" 비가 오는 것에 대한 대안적 설명을 제시하라고 압력을 가하지 않는다. 성경이 명시적으로 비와 눈과 우박이 창고에 보관되어 있고 하나님이 이 창고에서 비를 꺼내 땅에 비를 내리게 하신다고 진술함에도 불구하고 말이다. 마찬가지로 성경은 바람이 용기에 보관되어 있다가 하나님에 의해 땅에 보내진다고 명시적으로 가르친다. 하나님은 하늘에서 물리적으로 구름을 휘젓기도 하신다.[4]

아무도 물의 순환이 성경이 강수에 관해 말하는 내용과 모순되기 때문에 다투지 않는다. 아무도 과학을 창세기에 맞추기 위해 "물리적 창고 모델"을 옹호하지 않는다. 아무도 바람이 만들어질 때 기압과 기온 차의 과학을 부인하지 않는다. 아무도 성경 기상학을 고집하지 않는다.

날씨는 자연 과학이지만 새 생명의 창조는 어떠한가? 성경은 하나님이 우리의 모친의 태에서 우리를 형성하신다고 분명하게 진술한다.[5] 하지만 아무도 아홉 달 동안의 발달 과정을 거쳐서 아기가 태어난다는 것을 부인하지 않는다.

---

4 욥 38:22-25; 신 28:12; 욥 37:6; 시 135:7; 욥 37:11-12.
5 시 139:13.

물의 증발과 응축, 지구의 기울기와 축을 중심으로 한 회전이 비와 계절들과 낮과 밤을 가져온다. 부모들은 자녀라는 선물이 수정란이 아기로 되는 아홉 달 동안의 자연 과정이라는 것을 완전히 이해하면서 이 선물에 대해 하나님께 감사한다. 세상은 관찰할 수 있고 예측할 수 있는 과정에 따라 기능하지만 우리는 여전히 그것을 하나님 덕분으로 돌린다.

현대 과학 중 생물학, 지질학, 천체물리학만 의심을 받는데 그것도 그 학문들이 기원 문제에 적용될 때만 의심을 받는다. 과학 교육자로서 나는 과학을 창세기에 꿰맞추기 위해 관찰할 수 있는 증거가 무시되고 대신 "일어났을 수 있는" 설명이 선택되는 것을 보는 것이 괴롭다. 그리스도인으로서 나는 그렇게 억지로 꿰맞추는 것에 의해 가해진 피해가 두렵다.

(과학의) 답을 모를 때 답은 언제나 하나님이다.

위대한 아이작 뉴턴도 모든 답을 갖고 있지는 않았다. 미적분법의 고안자이고 운동 법칙과 중력 법칙의 발견자인 뉴턴조차도 행성의 궤도 문제에서는 쩔쩔맸다. 뉴턴을 포함해서 아무도 세부내용을 이해하지 못했다. 왜 모든 행성이 같은 방향으로 이동하는가? 왜 모든 행성이 같은 평면에 위치하는가? 그것이 왜 그렇게 일관성이 있는가?

뉴턴은 뭐라고 답했을까? 그의 답변은 하나님이었다. 자연적인 설명을 할 수 없었던 뉴턴은 하나님이 그것이 이런 방식으로 운행하도록 설계하셨다고 결론지었다.[6] 하지만 뉴턴의 1세기 뒤에 좀 더 나은 도구들과 좀

---

6   Hoskin, *The Cambridge Illustrated History of Astronomy*, 162.

더 나은 수학을 통해 답—과학의 답—이 제공되었다.

창조론자/지적 설계 운동의 표어는 "설명할 수 없는 것"이다. 우리가 아는 것에 틈새가 있는 곳마다, 우리가 발견하지 못한 수수께끼가 있는 곳마다, 아직 발견되지 않은 단계나 구조가 있는 곳마다 그들의 기본적인 대답은 하나님이다. 생화학 과정에서 설명되지 않은 과정들은 매우 복잡한 설계 탓으로 돌려지고 자연은 결코 그것을 만들어낼 수 없었다고 설명된다.

생명의 기원은 "우리가 알지 못하는 것"의 범주에서 전형적인 예다. 찰스 다윈은 한 친구에게 보낸 편지에서 "따뜻한 작은 연못"에 관해 추측했다.[7] 다윈의 전근대적인(premodern) 과학과 어림짐작 가설은 진화 이론에 대한 조롱에 기름을 부었다. "그래서 우리가 모두 질척이는 진흙에서 기어 나왔단 말인가? 어느 날 아메바가 거름더미에서 기어 나와 물고기가 되었다는 말인가?" 당신은 이 대목에서의 아이디어가 무엇인지 알 것이다. 나는 당신이 이런 종류의 주장을 들어본 적이 있을 것이라고 확신한다.

우리가 생명이 어떻게 출현했는지에 대한 과학적 설명을 오늘 가지고 있지 않다는 사실이 우리가 내일에도 답을 가지고 있지 않으리라는 것을 의미하지는 않는다. 우리는 우리의 지식의 틈새에 하나님을 둘 유혹을 받기 쉽다. 생명이 어떻게 시작되었는지 우리가 모르기 때문에 그것은 틀림없이 하나님에 의한 특별하고 기적적인 개입이었을 것이라는 식으로

---

7 Lucas Brouwers, "Did Life Evolve in a 'Warm Little Pond'?," Thoughtomics, *Scientific American*, February 16, 2012, https://blogs.scientificamerican.com/thoughtomics/did-life-evolve-in-a-warm-little-pond/.

말이다. 그렇게 설명할 경우 내일 머리기사에서 과학자들이 생명이 어떻게 시작되었는지를 발견했다고 선언하면 어떻게 되는가? 하나님을 믿는 사람들에게 모든 것이 상실되는가?

거의 그렇지 않을 것이다.

우리가 DNA 분자들이 어떻게 형성되었는지 발견하거나, 세포막이 DNA 분자 주위에서 어떻게 조직되었는지 발견하거나, 세포막에 둘러싸인 DNA가 어떻게 복제되고 새로운 세포들을 형성했는지 발견한다고 해도 그것이 하나님이 계시지 않음에 대한 증명은 아닐 것이다. 대신 그것은 우리가 하나님이 지구에 생명이 생겨나게 하신 기제를 발견했음을 의미할 것이다.

데보라 하스마는 이렇게 말한다. "나는 기적적이지는 않더라도 하나님의 창조세계에서 영광스러운 것으로 인해 하나님을 찬양하는 법을 배웠다." "하나님은 초자연적인 행동에서 존재하시는 것만큼이나 자연의 규칙적인 작동 안에서도 존재하신다."[8]

평생 교회에 출석 중인 나는 창조된 세상의 관점에서 하나님을 찬양하는 많은 노래를 들었다. "하늘의 별, 울려 퍼지는 뇌성, 주님의 권능 우주에 찼네."[9] 몇 년 전에 우리의 예배 인도자가 힐송 유나이티드(Hillsong United)의 "저도 그러겠어요(1,000억 번이라도)"(So Will I [100 Billion X])를 소개해줬다. 곡조는 아름다웠고 천상의 곡조 같았다. 그러나 나는 1절 가사

---

8   Deborah Haarsma, "Learning to Praise God for His Work in Evolution," in *How I Changed My Mind about Evolution*, ed. Kathryn Applegate and J. B. Stump (Downers Grove: InterVarsity Press, 2016).

9   "How Great Thou Art"(주 하나님 지으신 모든 세계), 영어 가사 Stuart K. Hine.

에 깜짝 놀랐다.

우리는 오래되고 광대한 우주에 관해 노래하고 있다. 우리는 별들이 탄생할 때 행성들의 형성에 관해 노래하고 있다. 이것은 진짜 과학이다.

힐송은 나의 주의를 끌었다. 다음 절에서 나는 매혹되었다.

하나님이 말씀하시고 자연이 듣는다. 과학이 듣는다.

그런데 세세한 것까지 모든 단계를 기적적인 방식으로 관리하는 것이 아니라 자연법칙과 과학의 과정들을 통해서 관리한다.

진화를 통해서 말이다.

과학을 창세기의 문자적 해석에 맞추기 위해 정신적 곡예를 부릴 필요가 없었다. 진화가 우리의 행성에 찬란한 생명의 다양성이 생겨난 데 책임이 있다.

우리는 그것에 대해 하나님을 찬양한다. 노래로 찬양하고 교회에서 찬양한다.

벽 쌓기

몇 년 전에 나는 (당시) 우리 교회의 사역자로부터 제2의 언어 프로그램으로 우리 교회의 영어 강좌를 듣는 부부와 대화하도록 초대받았다. 남편은 지방의 대학교에서 박사후연수 과정으로 과학을 연구하는 국제 학생이었다. 아내는 열심히 기독교를 알아보려고 했지만 남편은 훨씬 더 회의적이었다. 나는 그에게 질문거리가 많다는 말을 들었다. 나의 남편과 나는 우리의 변증 기술이 통하기를 바라면서 저녁 식사를 하기 위해 그들과 만났다.

소개와 간단한 담소를 나눈 뒤 우리는 곧바로 본론으로 들어갔다. 이 대화는 정말 대단했다. 이 친구는 변죽을 울리지 않고 단도직입적이었다. 그의 첫 번째 질문은 통명하고 직선적이었다. "그리스도인들은 왜 과학을 받아들이지 않습니까?"

우리는 몇 문장으로 기독교와 과학 사이에 갈등이 없다고 설명했다. 우리는 그에게 교회에 출석하는 그리스도인인 저명한 과학자들에 관해 간략하게 말해줬다. 그의 몸짓 언어가 즉각적으로 변했다. 그 시점에 그는 자기의 질문들을 연거푸 쏟아냈다.

그러나 그 질문들은 과학과 신앙을 조화시키기에 관한 것이 아니었다. 모든 질문은 예수에 관한 것이었다. 그는 예수에게 마음이 끌렸지만 다른 그리스도인들이 과학을 부정하는 것은 그가 넘을 수 없는 장벽이었다. 일단 그 벽이 치워지고 나자 그는 자유를 얻었다.

박사후연수 과정에 있던 그 친구만 그런 것이 아니다.

바나 그룹(Barna Group)은 수십 년 동안 교회에서의 동향을 추적해오고 있다. 현재 미국에서의 상황은 그다지 좋지 않다. 교회에 출석하는 사람과 종교 단체의 수가 줄어들고 있고 자기가 무신론자라고 응답하는 젊은 성인의 수가 늘어나고 있다.[10] 가장 빠르게 커지고 있는 그룹은 과거에 열심히 교회에 출석했지만 더 이상 출석하지 않는 사람들이다. 바나는 이 그룹을 "교회를 떠난 사람들"(de-churched)이라고 부른다.[11]

---

10 "Atheism Doubles among Generation Z," Barna, January 24, 2018, https://www.barna. com/research/atheism-doubles-among-generation-z/.

11 현재 교회 동향에 관한 뛰어난 정보는 다음 글들을 보라. David Kinnaman, *You Lost Me: Why Young Christians Are Leaving Church...and Rethinking Faith*(Grand Rapids: Baker Books, 2011); George Barna and David Kinnaman, (eds.), *Churchless* (Tyndale, 2014).

교회를 떠나는 이유는 다양하고 미묘하지만 바나는 교회를 떠난 사람들로부터 일관성이 있는 여섯 가지 주제를 제시했다. 일관성이 있는 여섯 가지 사유에 어떤 것들이 포함되는가? "교회는 과학에 적대적이다."[12] 교회를 떠난 젊은 성인들(나이든 성인들도 마찬가지다)은 교회가 현대 과학에 보조를 맞추지 못하고 있고 심지어 과학에 **적대적**이라고 믿는다. 그들은 특히 창조 대 진화 논쟁에 의해 신앙에 대한 흥미를 잃는다.

50만 명이 지켜보는 생방송에서 빌 나이(과학계 대표)와 켄 햄("앤서스 인제네시스" 대표)은 창조론과 진화에 관해 토론했다. 이 책을 집필하고 있는 현재 햄과 나이의 토론은 거의 800만 회 시청을 기록 중이다.[13] 햄은 자신의 6,000년 된 우주의 중심으로부터 모래에 선을 긋고 과학을 선택하거나 하나님을 선택하라고 촉구했다. 타협은 있을 수 없다. 그런데 인터넷의 전역에서—자기들의 목소리를 외부 세상에 들리게 만들기 위해 왁자지껄한 소음과 함께 고함을 지르고 "우와"하고 외치는, [책과 TV 프로 속의] 후빌(Whoville)의 거주자들과 마찬가지로—수천 명의 그리스도인이 "그런 식일 필요가 없다!"고 외치고 있었다.

우리는 어떤 질문들을 놓치고 있는가?

앤드류 루트(Andrew Root)는 청년 사역 연구에 관심이 있는 신학교 교수다. 그의 과학과 청년 사역(Science and Youth Ministry) 프로젝트는 미국 교회

---

12 "Six Reasons Young Christians Leave Church," Barna, September 27, 2011, https://www.barna.com/research/six-reasons-young-christians-leave-church/#.V1IFAI-cGUk.

13 *Bill Nye Debates Ken Ham*, https://www.youtube.com/watch?v=z6kgvhG3AkI.

들의 청년 사역에서 과학과 신앙에 관해 광범위하게 조사했다.[14]

루트의 연구의 초점은 청년 사역이었지만 루트와 그의 연구팀은 과학과 신앙 사이의 연결을 드러냈는데 그것은 우리 모두에게 암시하는 바가 있다.

직관에 반하는 것으로 보일 수도 있지만 루트의 연구는 청년 사역에서 과학에 관한 대화를 포함시키면 실제로 하나님에 관한 대화를 자극한다는 것을 발견했다. 즉 사실에 입각해서 알 수 있는 것에 관한 대화는 믿음을 통해 받아들여야 하는 것에 관한 대화로 이어진다. 루트는 우리가 과학의 타당성을 인정함으로써 "사실과 증거의 현대 세계에서 신앙을 가진다는 것이 무엇을 의미하는가?"라는 훨씬 더 큰 문제를 다룰 수 있다고 믿는다.

우리는 어떤 중요한 과학과 신앙의 대화를 놓치고 있는가? 우리 그리스도인들이 과학을 창세기의 문자적 해석에 맞추기에 빠져 있지 않다면 우리가 과학의 테이블에 무엇을 가져올 수 있는가?

찰스 다윈은 그의 말년에 신앙을 잃은 것으로 보인다. 그러나 널리 퍼져 있는 전승과 달리 다윈이 신앙을 상실한 이유는 그가 진화를 받아들였기 때문이 아니었을 가능성이 크다. 다윈은 자연 세상에 존재하는 악과 폭력과 자기의 어린 딸의 참혹한 죽음을 포함한 죽음의 문제들과 씨름했는데, 그것들은 우리 모두에게 어려운 질문들이다. 그리스도인들은 이런 종류의 질문들에 답변할 수 있는 독특한 위치에 있지만 너무도 자주 과학이

---

14 Andrew Root, David Wood, Tony Jones, "Youth Minis try and Science," a Templeton Planning Grant, January 2015.

아닌 "과학"을 방어하는 수렁에 빠져 꼼짝도 하지 못하고 있다.

그 대가가 무엇인가?

과학과 신앙의 대화에서의 극단적인 대변자들(켄 햄과 리처드 도킨스를 생각해 보라)은 정직한 진리 추구자들을 가장자리로 밀어낸다. 극단의 중간에 있는 것들은 모두 신앙의 타협이나 지성의 타협이라고 정의된다. 신앙인들이 마음과 영혼과 정신으로 하나님을 사랑하기를 원할 때 어떻게 해야 하는가? 과학을 무시해야 하는가? 그것이 그렇지 않은 체해야 하는가? 하나님과 과학을 모두 존중하는 선택지가 있는가?

진화를 받아들이는 여정은 종종 점증적이며 때때로 비밀리에 진화를 받아들이는 시기를 포함한다. 『진화는 어떻게 내 생각을 바꾸었나?』(*How I Changed My Mind About Evolution*)는 스물다섯 편의 짧은 자서전―과학자, 목회자, 성서학자, 신학자들이 직접 쓴 글들―이다.[15] 저자들의 배경과 이야기들은 다르지만 공통적인 주제들이 그 자서전들을 관통한다.

한 가지 주제가 널리 퍼져 있다. 지적으로 정직하지 않다는 모종의 형태의 개인적인 깨달음이 이 신앙 자서전들에 스며 있다. 증거를 젊은 지구나 창세기의 문자적 해석 또는 지적 설계 운동의 주장들에 맞추기 위해 요구되는 정신적 곡예는 궁극적으로 진화를 받아들이는 것보다 어려워졌다.

---

15   Kathryn Applegate and J. B. Stump, eds., *How I Changed My Mind about Evolution*.『진화는 어떻게 내 생각을 바꾸었나?』(IVP 역간).

생각해 보라. 10,000년이 되지 않은 우주는 우주의 실상이 외관과 다르다는 것을 의미한다. 우리는 빛의 속도와 별들의 거리를 알고 있고 빛이 지구에 도달하는 데 걸리는 시간을 계산할 수 있다. 하지만 우주 나이가 몇천 년에 지나지 않는다면 당신이 보고 있는 수없이 많은 별과 은하들에서 나온 빛이 실제로는 수십억 광년을 여행한 것이 아니다. 아마도 우주는 "완전히 성장한" 상태로 창조되었고 별빛은 운행 중인 상태로 창조되었을 것이다. 혹은 우리가 규칙들을 변경할 수 있을 것이다. "빛의 속도가 태초에는 현재보다 빨랐다"는 식으로 말이다.[16] 어떤 식으로였든 별빛은 하나님에 의해 오래된 것처럼 보이도록 창조되었지만 실제로는 오래되지 않았다. 밤하늘은 대단히 아름다운 과학적 허구의 산물이다.

생각해 보라. 10,000년이 되지 않은 지구는 지구의 실상이 외관과 다르다는 것을 의미한다. 사실은 젊은 지구가 거의 100만 년의 퇴적물과 누적된 얼음을 갖고 있다. 사실은 동시에 창조되었음에도 붕괴 정도가 다양한 방사성 암석들이 발견된다. 지구 나이를 측정하기 위해 사용되는 모든 방법이 지구 나이가 수십억 년임을 가리키지만 그것은 단순히 나이가 들어 보이도록 설계된 결과일 뿐이다.

생각해 보라. 모든 생물이 동시에 창조되었다는 것은 화석 기록의 실상이 외관과 다르다는 것을 의미한다. 간단한 세포부터 복잡한 네발 동물까지 화석층들에서 보이는 생명의 연대기는 단지 우연의 결과로서 홍수

---

16 예를 들어 다음 문헌들을 보라. Henry M. Morris, "The Uncertain Speed of Light," Institute for Creation Research, June 1, 2003, https://www.icr.org/article/uncertain-speed-light/; Eric Hovind, "How Could Light Have Travelled Millions of Years?," Creation Today, https://creationtoday.org/how-could-light-travel-millions-of-years/.

물이 물러나면서 생긴 산물이다.

생각해 보라. 지적 설계는 생물들이 실제로는 조상의 역사를 갖고 있지 않음에도 그런 역사를 가진 것처럼 보일 것을 요구한다. 조상으로부터 물려받은 것으로 보이는 신체 구조는 실제로는 설계자가 설계 패턴을 반복한 결과다. 기능하지 않는 유전자들이 한 유기체의 DNA 여러 곳에 흩어져 발견되는 반면에 같은 유전자들의 기능하는 버전들이 다른 유기체들의 DNA에서 발견되는 것도 마찬가지로 설계자의 선택이다. 지적 설계는 기능하는 DNA 안에 의도적으로 망가진 유전자들을 끼워 넣는 설계자를 요구한다. 지적 설계는 모든 점에서 공통 조상을 공유하는 것처럼 보이지만 실제로는 그렇지 않은 유기체들을 설계하는 설계자를 요구한다.

생각해 보라. 젊은 지구나 특별 창조(지적 설계 포함)에 대한 믿음은 과학 연구에 대한 특별한 함의를 지닌다. 물리학과 화학의 속성들이 기원의 경우 현재 우리에게 보이는 모습과 다르다면 우리가 다른 맥락에서 어떻게 물리적 속성들을 신뢰할 수 있는가? 어떤 생화학적 과정이나 세포 구조가 매우 복잡해서 설계가 필요하다면 왜 모든 과정과 구조가 설계를 필요로 하는 것은 아닌가?

생각해 보라. 생명의 복잡성이 모두 설계자만 아는 설계에 따라 갖춰지도록 설계자에 의해 이뤄진 선택이라면 우리가 무언가를 어떻게 알 수 있는가? 생명의 복잡성이 자연 과정을 통해 설명될 수 없다면 우리가 무엇 때문에 연구하는가? 어떤 과학 이론이든 그것의 강점은 새로운 지식을 예측할 수 있는 그 이론의 능력이다. 설계자에게만 알려지고 설계자에 의해 이뤄진 선택들은 과학의 막다른 종점이다. 아무것도 예측될 수 없다.

과학을 창세기에 억지로 꿰맞추는 데는 지적 대가가 따른다. 창조론자들은 그 대가가 너무 크지 않은지 결정해야 한다.

진화를 그것 모두를 설명하는 이론으로서 왕좌에 앉히는 하나의 발견, 하나의 증거, 하나의 "아하!"하고 무릎을 치는 순간은 없다. 대신 진화에 대한 확신은 해부학, 생리학, 생태학, 생화학, 분자 생물학, 지질학, 고생물학, 물리학, 천문학, 화학 등 과학의 여러 분야에서 나온 증거가 수렴하는 데서 온다.

문자적 창세기 해석은 현대 과학과 과학자들 대다수와 맞선다는 것을 의미한다.[17] 문자적 창세기 해석은 의료, 질병 연구, 농업, 항공, 공학, 에너지 분야에서 신뢰받는 과학에 반대한다는 것을 의미한다. 문자적 창세기 해석은 기원을 설명하는 과학과 우리 현대인의 삶을 뒷받침하는 동일한 과학을 정신적으로 분리함을 의미한다. 창조론(젊은 지구 창조론, 오래된 지구 창조론, 지적 설계를 막론한다)이 참이라면 현대 과학은 무너진다.

지적 대가 외에 신앙의 대가도 있다. 문자적 창세기 해석은 하나님의 본성에 관해 정직하게 숙고할 것을 요구한다.

> 하늘이 하나님의 영광을 선포하고
> 궁창이 그의 손으로 하신 일을 나타내는도다.
> 그것들이 낮마다 말을 쏟아내고
> 밤마다 지식을 드러내는도다.
>
> 시편 19:1-2 (3절은 개역개정을 사용하지 아니함)

---

17 David Masci, "For Darwin Day, 6 Facts about the Evolution Debate, Pew Research Center, February 11, 2019, https://www.pewresearch.org/fact-tank/2019/02/11/darwin-day/.

하나님의 창조세계가 "지식을 드러낸다"고 하더라도 계시된 그 지식이 신뢰할 만한가? 창조세계를 사람의 주의를 딴 데로 돌리는 것들로 채우는 것이 하나님의 본성과 일치하는가? 기만적인 세상, 즉 실상은 보이는 모습과 다른 세상을 창조하는 것이 하나님의 본성과 일치하는가?

우리를 오해하게 만드는 것이 하나님의 본성과 일치하는가?

내가 과학과 신앙을 조화시킨다는 것이 무엇을 의미하는지 처음으로 진지하게 연구하기 시작했을 때 나는 "하나님은 사람이 아니시니 거짓말을 하지 않으시고"라는 성경 구절을 배웠다.[18] 하늘은 지식을 드러내고 하나님은 거짓말하시지 않는다.

우리는 창세기를 어떻게 대해야 하는가?

그렇다면 독실한 신앙인들이 마음과 영혼과 정신으로 하나님을 사랑하기 원할 때 어떻게 해야 하는가? 과학을 무시해야 하는가? 그것이 그렇지 않은 체해야 하는가? 아니면 우리가 창세기를 이해하는 방식을 다시 생각해야 하는가?

헤드폰을 끼고 필립 필립스(Phillip Phillips)의 "가정"(Home)을 들어보라. 필립스는 물리적 장소(집)를 그가 세우기를 바라는 가정, 즉 사랑과 소속감과 안전함이 있는 가정과 비교한다. 그것은 즐겨 사용되는 주제다. 석고판과 못들이 집을 만들기는 하지만 그것들이 가정을 만들지는 못한다.

---

18 민 23:19.

구약성서학자인 존 월튼(John Walton)은 창세기에 은유를 적용한다.[19] 과학자들이 우주와 생명의 기원에 관해 말할 때 그들은 재료, 과정, 청사진에 관해 말한다. 과학자들은 집을 연구한다. 월튼은 하나님이 집을 지으셨지만 창세기는 집에 관한 이야기가 아니라고 말한다. 창세기는 가정에 관한 이야기다.

과학을 수용하는 사람은 창세기를 어떻게 대해야 하는가? 창세기를 무시해야 하는가? 전혀 그렇지 않다. 창세기를 존중한다는 것은 그것의 장르를 인식한다는 것을 의미한다. 그것은 매혹적인 연구다. 이에 관한 최고의 연구를 몇 개 소개하자면 존 월튼, 스캇 맥나이트, 피터 엔스의 연구가 있다.[20]

우리가 현대 과학의 이해를 고대의 문서 안으로 끼워 넣으려고 하면 많은 것을 놓치게 된다. 원래의 저자들과 편집자들이 의도했던 메시지를 놓칠 뿐만 아니라 성경을 억지로 성경의 실체가 아닌 것 — 과학적으로 정확한 지구의 자연사 — 으로 만들게 된다. 창세기를 읽을 때 우리는 현대 과학을 배우는 것이 아니라 **하나님에 관한 것**을 배운다.

그리스도인인 나로서는 성경이 예수에 대해 증언하기 때문에 권위가 있다. 성경은 하나님의 백성으로서 살기 위해 노력하는 사람들에 관한 증

---

19 Sean Flynt, "A House Is Not a Home: Science, Genesis, Tell Different Stories, Walton Says," Samford University, April 12, 2016, https://www.samford.edu/news/2016/04/A-House-is-Not-a-Home-Science-Genesis-Tell-Different-Stories-Walton-Says.

20 장르와 창세기의 고대의 목소리에 관해서는 Peter Enns, *The Evolution of Adam: What the Bible Does and Doesn't Say about Human Origins*(Grand Rapids, MI: Brazos Press, 2012)를 보라. 창조 이야기의 신학적 해석 개요는 Scot McKnight (with Dennis R. Venema), *Adam and the Genome*(Grand Rapids: Brazos Press, 2017)을 보라.

언을 담고 있기 때문에 권위가 있다. 성경은 내가 어떻게 살아야 하는가의 측면에서 권위가 있다. 그러나 성경은 현대 과학의 사실들에 관해 권위가 있는 책이 아니다. 성경은 결코 그런 의도로 쓰이지 않았다. 성경은 다른 이야기를 하고 있다. 성경은 **누가 왜** 창조했는지에 대한 답을 준다. 과학은 **언제 어떻게** 창조되었는가에 대해 답한다.

과학을 **과학(만능)주의**나 **물질주의**와 혼동하지 말라. 그것들은 모두 일반적으로 모든 실재가 물질의 관점이나 물리적 관점에서 설명될 수 있음을 의미하는 것으로 이해된다. 과학이 모든 질문에 답하지는 않는다. 인간이 묻는 가장 중요한 질문들은 과학을 통해 답변될 수 없다.

그것은 고투일 수 있다. 그것은 여행을 필요로 할 수도 있다. 가장 위대한 지성들이 창세기와 현대 과학의 문제를 두고 씨름한다. 프랜시스 콜린스는 유전학과 의학 분야의 세계적인 지도자다. 그는 젊은 의사일 적에 무신론을 떠나 그리스도를 따르게 되었고 자신의 신앙을 공개적으로 증언하고 있다. 그러나 그는 부조화를 인정한다.

모든 생물이 공통 조상에게서 유래했다는 아이디어를 뒷받침하는 증거는 참으로 압도적입니다. 성경을 믿는 그리스도인으로서 나는 그것을 원하지 않습니다. 하지만 실재가 그렇습니다. 그것을 부정하려고 노력하는 것은 신앙에 별로 도움이 되지 않습니다.[21]

---

21 Beliefnet에 게시된 프랜시스 콜린스와의 인터뷰. "God Is Not Threatened by Our Scientific Adventures," 2006, https://www.beliefnet.com/news/science-religion/2006/08/god-is-not-threatened-by-our-scientific-adventures.aspx.

진화는 우아하다. 진화는 창의적이다. 진화는 계속 창조하는 창조세계를 낳았다. 진화가 본질적으로 불경한 것은 아니다. 진화는 만물의 창조자와 유지자로서의 하나님을 작아지게 하지 않는다. 진화에 관한 어느 것도 우리가 "우리가 그를 힘입어 살며 기동하며 존재하는"[22] 분으로서의 하나님을 배제하지 않는다.

나의 신앙은 하나님이 그것을 모두 정하셨다고 내게 말해준다.

하나님은 하나님이 그분의 지혜 가운데 현재 우리가 보고 있는 물질, 자연적 형태, 기능, 기원을 지닌 우리의 창조세계를 우리에게 주셨다.

---

22 행 17:28.

노아 방주에 새끼 공룡들을 태웠다고?

기독교인이면서 진화를 믿을 수밖에 없는 이유

Copyright © 새물결플러스 2025

1쇄 발행 2025년 11월 21일

지은이 자네트 켈로그 레이
옮긴이 노동래
펴낸이 김요한
펴낸곳 새물결플러스

편 집 왕희광 노재현 이형일 나유영
디자인 황진주 김은경
마케팅 박성민
총 무 김명화 이성순
영 상 최정호
아카데미 차상희

홈페이지 www.holywaveplus.com
이메일 hwpbooks@hwpbooks.com
출판등록 2008년 8월 21일 제2008-24호
주 소 (우) 04114 서울시 마포구 신촌로28가길 29
전 화 02) 2652-3161
팩 스 02) 2652-3191

ISBN 979-11-6129-309-7 93230

책값은 뒤표지에 있습니다.